U0961365

夏

我的青春我的梦
全国中学生校园美文精品集萃丛书

青青消息，曾写入、东风词笔

校服的裙摆

《中学生博览》杂志社 选编

时代文艺出版社

图书在版编目（CIP）数据

校服的裙摆 /《中学生博览》杂志社选编．—长春：时代文艺出版社，2018.8
（2023.6重印）
（“我的青春我的梦”全国中学生校园美文精品集萃丛书）

ISBN 978-7-5387-5683-8

Ⅰ．①校… Ⅱ．①中… Ⅲ．①作文－中学－选集 Ⅳ．①H194.5

中国版本图书馆CIP数据核字（2018）第000154号

出 品 人　陈　琛
产品总监　郭力家
责任编辑　王　峰
装帧设计　李　斌
排版制作　隋淑凤

校服的裙摆

《中学生博览》杂志社　选编

出版发行 / 时代文艺出版社
地址 / 长春市福祉大路5788号　龙腾国际大厦A座15层　邮编 / 130118
总编办 / 0431-81629751　发行部 / 0431-81629758
官方微博 / weibo.com / tlapress
印刷 / 北京一鑫印务有限责任公司
开本 / 700mm × 980mm　1 / 16　字数 / 153千字　印张 / 11
版次 / 2018年8月第1版　印次 / 2023年6月第5次印刷　定价 / 34.80元

图书如有印装错误　请寄回印厂调换

编　委　会

目录

满世界的阳光倾尽，我与你相遇

我会带着你们的梦，用力奔跑

我们一起笑着流泪的青春

校服的裙摆

幸福，它是什么

满世界的阳光倾尽，我与你相遇

生活没有童话，有些梦想，先放一放吧。

那些梦想被堆积在最不起眼的角落，布满尘埃，最后连自己也忘了，这是我们曾经多么热爱的东西。

但是我始终相信，相信我用整个初三换来的夏天，将会阳光明媚。

放马过来吧，六月的那场战役。

好久不见

Cup Cake

今年我十七岁。曾暗恋过一个男孩儿，他叫小德。虽然我们已经有四年没见过面，但是我依然可以回想起他的灿烂笑容。

那时的我，不善与人交往，总是被其他同学欺负。

还记得有一次，老师拿出练习册讲习题，不巧的是我的练习册落家了。我想和同桌共用一本，她平时从来都不和我说话，我很尴尬地朝她笑笑，可还没等我开口，同桌就用很厌恶的表情看了我一眼，大声说道："谁让你不长记性！我才不想和你共用一本书呢！"我愣住了，她的口气拒人千里之外。

眼眶开始慢慢湿润，有人轻轻拍了我一下，顾不上擦去眼角的泪水，回头一看，原来是坐我后面的男生小德。他拿起自己桌上的练习册递给我，轻声说道："借你用，别哭了。"我很感激地朝他点点头，轻轻对他说了声谢谢。

同桌好像变得很生气。她瞪了我一眼，嘴里含糊不清地冒出几句难听的话。看见她那副可笑的样子，我突然觉得有些得意。谁都知道她喜欢小德……

从那以后，我开始悄悄关注小德，他的成绩还不错，模样也很讨女生喜欢。

我家离学校很远，每天都是老妈骑着电动车送我上学，接我回家。有一次，老妈不在家，我只好步行回家。在路上，我遇到了小德，还有班上的丹丹，他们走在一起有说有笑，我跟在他们身后慢慢地走。小德突然回过头，他看到我马上露出招牌笑容，说道：“跟在后面干吗，一起走吧。”我受宠若惊，欣喜若狂地跟了上去……

从那以后，我以步行回家可以锻炼身体为由说服老妈不用再去学校接我。那段时间，每天最开心的事应该就是在路上“偶遇”小德了。但也不是每次都能碰巧遇见他。有时在路上，我东张西望努力寻找小德的身影，当我意识到时间不早了的时候，便以百米冲刺的速度赶到教室，但还是耽误了上课时间，什么都不用解释了，老师会阴着脸让我站在座位上听课。

有时小德会突然站起来，大声说道：老师，曼曼挡住我看黑板了。老师才会摆摆手示意让我坐下去。我一回头，就看见小德正朝着我做鬼脸。原来他是帮我啊！我的心里乐开了花。

我们班是典型的阴盛阳衰，男生少得可怜，除了小德，其他的男生长得都不敢恭维，我敢肯定班上大部分的女孩儿都喜欢小德。可是小德对每个女生都是那么礼貌，那样绅士。

可是后来，我才发现原来他喜欢的是班上的丹丹。

语文老师上课时喜欢让同学们朗读课文。每当其他同学读书时，小德总是显得不耐烦，老是发出各种奇怪的噪音，一点儿也不安宁。可是如果轮到丹丹朗读时，小德马上就会安静下来，全神贯注地盯着课本。

不仅仅是这样，几乎每天下课，小德和丹丹总是会聚在一起打打闹闹。记得有一天丹丹因为生病没来学校，小德一整天都无精打采地趴在桌子上。

由此，我得出了一个结论：小德喜欢丹丹。

丹丹有啥了不起的，她不就是个子比我高点儿，性格比我开朗点儿，眼睛比我大点儿吗！

一想到小德和丹丹的关系，十岁的我第一次尝到了忧伤的滋味。

小学毕业考试，小德居然分到了我旁边。监考数学的老师也许是前一天晚上熬夜打牌去了，他分发好试卷后就一直趴在讲台上呼呼大睡。在小德的协助配合下，数学从来没及格过的我居然考了九十二分。我的语文成绩一直不错，所以那次毕业考试我居然考了全班第一，但我却一点儿也高兴不起来。

上了初中，家人把我送到市里的中学，一开始，我死活都不同意，我只想和小德读同一所学校，就算我们不能分在同一个班，但至少我和小德还有见面的机会。后来听丹丹说她和小德会在同一个学校上学。我犹豫了很久，还是决定去市里的中学读书。我害怕像小说里写的那样，最后小德和丹丹甜蜜地在一起了。

我和小德之间再也不会有半点交集。因为这个决定，我好难过，

丹丹的成绩一直不好，初二那年她就跟随父母去外地打工了。我的成绩也一直不好，但是爸妈本着不抛弃不放弃的原则，选择让我留级。当时很不理解父母的做法，但是后来我才明白了他们的用心良苦。

我初二放暑假时，小德他们已经参加完中考。一次偶然的机会，我在同学那里要到了小德的QQ号，同学一脸坏笑，调侃道："没想到你这么痴情啊！还是对小德念念不忘啊。"我笑而不语。

成功把小德加为好友后，我激动地差点儿从床上摔下来。让人失望的是，小德知道是我后并没有表现出很意外。他问我中考考得怎么样，我告诉他我已经留级了。小德只是淡淡地发来一句："哦，白白浪费了一年。"过了很久，他又说："初三的物理关于电学部分内容很难，你要好好学！"

我天生不是那种主动的女生，从来不去找小德聊天。胆小如我，夜深人静时我会频繁进入小德的空间，然后再小心翼翼地删除访客记录。小德好像很喜欢Eason。也许是爱屋及乌吧，从那以后我也开始听Eason的歌。渐渐地喜欢上了那个肿眼泡头发少的男人。

我今年十七岁了。有时候觉得自己和小德真的没有缘分啊，明明我们之间距离不是很远，但是从小学毕业后却再也没见过面。有天晚上，我做了一个梦，在梦里，小德握住了我的手，我的脸涨得通红，心里却高兴疯了。醒来的时候，枕头都湿了。

你的优秀全在她眼里

王小棉

三月末的时候，从阿妙那里听说，Z已经被保送清华。这时候我正在为即将到来的二诊磨枪，每天看多少单元的政史地，做多少道数学题，做多少完形阅读，按照计划很规律地在做着考前的复习。

听到这个消息的时候貌似是在厕所。我和阿妙不同班，也不同楼层，能在厕所遇见的概率是很小的，只是有些人不爱在自己那层楼的厕所上，偏要跑到别人楼层的厕所去占蹲位，我大概就是这有些人里的一个。所以就这样听到了这个很励志的消息。

Z是我和阿妙的初中同学，在初三下学期的时候转去了其他学校，转校的时候老师都不想放她走，因为她是我们班上的第一名，也考过年级第一，总之就是特别牛。这样一个从小就很强的女生，被保送清华其实是大家意料之中的，所以当时听到的时候我特别惊讶，只是说了一句，好棒，她真的好厉害。那是打心底的羡慕，没有一点儿嫉妒，因为我知道自己和她的差距，是没有资格嫉妒的。

Z很优秀，这种优秀能够直接让你清楚地看到和她的差距。她不是一个死读书的学生，如果她每天都埋在书里你或许还会感觉平衡，可是她不会。她不会很刻意地拼命学习，也不会很刻意地疯玩，反正一切就是那样顺其自然，好像也没有比别人认真多少，可最后一考试她就是第一名。当然，这只是在旁人眼里。她是真的很聪明，我相信人的智商有高低，不是那种在生活的细节上要小聪明的那种智商高低，而是很明显就可以看出来的那种。就像Z，我一直认为她的智商应该是比我们这样的常人要高一些的。

Z很有才，她会画画，会唱歌，会跳舞，还会俄语。我喜欢画画，很喜欢，也一直认为自己很有天赋，可是这种天赋在Z的面前却总感觉不值一提。她偶尔会把自己画的画传到空间里，每一次看到之后，我都会默默地想，有一天我也可以画这样好。等我终于画到那样好了之后，她又画得更好了。我总是喜欢做一些这样没有意义的尝试，明明知道只是为了弥补某种不平衡，却还是固执地想拉近一点儿距离，想着只要再优秀一点儿就好。

Z的拉丁也跳得很好，一开始接触拉丁就是直接学的金牌，她似乎做什么都很有天赋。而且Z还是个很有思想的人，从她写的文章就可以看出她是一个有深度的人。Z的人缘也特别好，因为她是一个很会为人处事的女生，没有人说过讨厌她，就连敢承认嫉妒她的人也只有那么几个，一般人都只会说自己羡慕她。

Z很漂亮，这或许是让人最不平衡的地方了，我不知道她有多高，可能一米六五以上吧，脸蛋又很标致，还有一双很特别很美丽的眼睛，是很多男生眼里的女神。

一天中午，吃过午饭，我站在走廊打望对面楼的帅哥，一隔壁班的初中同学经过身边，和我闲聊，说起了Z，说她好厉害，我回答：“是啊，真的好厉害，怎么会有这样完美的人呢？”

她说：“你太夸张了，怎么会有完美的人。”

我想了一下，笑了，是啊，怎么会有完美的人。

那天下午去食堂吃饭的路上，我被一个迎面走来的姑娘不小心打到了手，姑娘没有感觉到她一甩一甩的右手打到了我，依然在自信地朝前走。我转过身看着她的背影，笔直纤细，很美丽。她是一个自信又漂亮的姑娘，她清楚地知道自己身上的优点，所以她走路就像是一个模特，很有气质，刚好配得上她的外貌。我想，我刚才不是被那姑娘的右手打了，我只是被她的自信打了，打中了我的自卑。

我承认我不是一个很有正能量的人，我相信命运自有安排，相信人不是生来公平，也相信有些人的起点是你永远到达不了的终点，但是我不会让自己特别在意这些东西，因为它们的存在和我的存在不相冲突。有时候我也会不平衡，但是很快就可以调节好，反正你总要朝上走，不管你能不能到达那个人的位置，你都要朝上走，不管你走的哪条路，用什么方式行走，只要你在走，就总是上坡路，因为脚下的路本来就是陡的。而你之所以会一直仰望，耿耿于怀那些差距，变得悲伤消极，不过是因为你的自卑在作怪而已。

春天的中午有暖暖的阳光，二诊的复习计划也不会因为一个初中同学保送了清华就被改变，我已经在奔跑了，这个速度很适合自己，不必急于求成，不必勉强自己，不必去追赶遥不可及的人，不必轻看自己。这就是所谓的认清自己的位置，但不是妄自菲薄。

Z很优秀，是的，优秀得很明显，因为你把她的优秀全部看在眼里。或许，就在你看着那个背影自信的姑娘的同时，另一个人也在你的身后看着你，你的优秀全在她眼里。

你不知我姓甚名谁

韦 枫

乏善可陈的周一清晨，倚着车窗望向黯淡的海天之际，身后的女生兀自嚼着香软的面包。公交车缓缓靠站，你从容地上车，在无人的角落里站定。

晨曦自你发梢洒落，仿佛忽然照亮了整个车厢。你不经意地投来一瞥，我下意识地抓紧腿上的书包，掩饰性地表现出一副四处打量的神色。不一会儿看见你垂眸把玩着手机，我才从陡然升起的窘迫中放松下来，心底却又缭绕着丝丝缕缕的失落。

公交车平稳前行，我想起作业本上那道怎么也解不开的数学题，所有思绪一瞬间飘然走远。终于到达学校，不急不慢下车的你再次落入我的视线。

背起书包跟在你身后，清清淡淡的洗衣粉味道。四周不断涌来身穿同色校服的男生女生，我始终与你保持着不远不近的距离。

你把书包松松垮垮地搭在肩上，我却沮丧地感觉自己马上就要被沉重的书册压扁。走过街角，校门口传来好友的呼唤声，我笑着从你身边跑过。

与好友挽着手步入校门，我用余光瞄了一眼，你也正与同学打着招呼。我们分别走向同一楼层的两边，各自开启繁忙而又充实的一天。

阳光洒满校园里的每一处，蓬勃的朝气从琅琅的读书声中溢出。

容不得分神的课堂紧锣密鼓地展开，老师们或严厉或温和抑或循循善诱，无一不是为了将我们引向更好的未来。

课间操是一个上午中难得可以透透风的时光，我看到你懒洋洋地伸展着四肢，一副没睡醒的模样。回教室时又很快被流动的人群湮没，我收回心神和同桌讨论起下节课的内容。

午饭后和好友打打闹闹着回来，不顾形象地嬉笑着跑上楼梯。隐约看见你清瘦的身影，我立刻安静下来，扯扯袍子似的校服走过去。

你倚着窗户正和我同班的男生聊着什么，璀璨的笑容挟着细碎阳光撞入眼中，不可自抑地心尖猛跳。

同学向我问好，你自然地沿着他的目光看过来。我淡淡一笑做回应，僵直着背脊走进教室，脸颊微微泛热。

心不在焉地翻着书，困意排山倒海般袭来，我坠入平静的梦乡，心潮再不为任何琐事荡起涟漪。

无精打采的四点大课间，我抱着一摞作业本从办公室出来。透过走廊的玻璃窗，笑着看你在篮球场上挥汗如雨，果然，球场上的男孩子最是英气逼人。

瞥见球场边捧着衣服和矿泉水的女孩子，心底不由地滋生出一抹艳羡，我终究还是没有勇气像她们一样恣意放纵。

紧迫的一天缓慢落幕，大批学生涌向周边的车站，我告别好友坐上回家的公交车，车子发动时才寻到你从远处走来的身影。

这一班车，你无疑是赶不上的。

眼角划过你毫不在意的神色，我望着暮色中匆匆而过的风景。

枯燥忙碌的高中生活，谢谢你成为这黯淡时光里的唯一亮色。我从不去打探关于你的细枝末节，一如你也不曾知晓我姓甚名谁。

明早醒来，希望也能有你照亮晨光，无声地陪伴我走向更遥远的未来。

多年以后，我想我依然会记得你，那个，清瘦的少年。

妈妈的永远站

汪　宇

亲爱的妈妈：

还记得夏天我坐在树荫底下给你念这段话，读到最后一句，眼泪应声而下，而你只是一边帮外婆剥花生一边浅浅地笑着说："写得挺好的。"我不知道你是否只是表面平静，心里已和我一样波涛汹涌，抑或是早在十六年前你就开始向我说过这句话，因此反而没有很多感觉了。

四岁那年，我走丢了一次。你终于找到了蹲在卖金鱼的小店旁号啕大哭的我时立即冲过来，我还没反应过来，你就一把抱过我，飞一般地往回走。当我看到你，心突然就安了，就像一个人在黑暗中不安地摸索了很久之后世界突然亮了，一切又回到眼前了。

我的记性一直很坏，但这件事却记得很清楚，清楚得连你用力抱我时手臂被勒得生疼的感觉还能清晰地感觉到。

后来一直惊讶于你当时怎么会有那么大的力量，竟能一手抱着几个月大的弟弟，一手抱着我，一路飞奔过几条街，横穿两条马路，一直到家里。或许一个女子，无论她多么瘦弱，当她成为母亲后，仿佛天地间所有力量便倾入她的身体里，她仿佛便会拥有无穷力量。

很多年后说起这件事，你淡淡地说："当时就想，要是找不到你了，我就也不想活了。"这句轻轻的话在我心中掀起了巨大的龙卷风。我强忍着眼泪，趁着夜色慌忙擦去眼角的湿润，不想让你看到。

眼泪又出来了。让我歇会儿，喘口气。

四年级的时候，家里离学校远，有时等不到车就走回家。有一天在公路上，一个叔叔骑着摩托车过来说："小朋友，你是要到那边去吗？叔叔送你过去吧！"我微笑着摇头不说话。"没关系的，叔叔送你过去吧！"我还是摇着头不说话。他锲而不舍地坚持了几分钟后，就一踩油门走了。

回家后，我把这个当作笑话说给你和爸爸听。从那天后，无论刮风下雨，爸爸每天下午都会骑着自行车来接我。

后来说起这件事时，你说："那时候你说得跟没事一样，我跟你爸听得可是心惊胆战。要是那人强行把你带走怎么办？"

是的，我所有的一切，你都会看得极为重要。

每次和你一起看过去的照片时，你总会摇摇头，轻轻叹一声"老了"，流露出一种深深的，我也不知如何形容的眼神。

据说，每一位母亲曾经都是一位仙女。她们选择成为母亲后，便被脱下美丽的羽衣，成为凡人。可其实，她们的羽衣是自己脱下的，她们把它锁在箱底，有时候会拿出来看看，又再放回去，重新锁好。我想，她们看着自己的羽衣时的眼神，就和你看相片时的眼神是一样的吧。妈妈，是什么让你脱下羽衣？是这个家吧。

十六年，我就这样安安稳稳地走过来了，没有经过什么大风大浪，因为无论外面有多大的风浪，你都会竭尽全力保护我，让我不至于太颠簸。或许在无数个夜里，你彻夜未眠，却依然哼着歌哄着我让我睡得安稳；或许无数次节日，家里经济非常紧张，你却依旧想尽一切办法给我准备一些小礼物。所有的风浪，都被你和爸爸一一挡住，竭尽全力让我的世界每天风和日丽，生机勃勃。

妈妈，十六年来，我第一次给您写信，有些语无伦次。十六年来，我一直不敢写，连想都不敢想，因为每次我一想，总忍不住泪流满面。妈妈，其实说这么多，就只归结为三个字，十六年来我一直想说却又说不出的三个字：我爱你。

女儿：汪宁

没有故乡的我和我们

惟 念

冬天一点点变深的时候，故乡的景象就愈发的魂牵梦萦。每晚在长长的梦里，都看见自己又搭乘时光机，变成小孩子的模样，在熟悉的街衢和玩伴儿嬉笑打闹。那些高高矮矮的房屋和错综交杂的小巷，一望无尽的田野和连绵曲折的山黛，都结结实实地烙进我心里。所以好多个午夜梦醒的时刻，积攒的孤独和思念，都让我泫然欲泣，觉得自己无论走到哪里，都回不去最初离开的地方，就像葡萄酒已经回不到饱满多汁的葡萄的状态。

我的故乡在淮北平原上，地势鲜有大的起伏，四季分明。童年记忆里，最开心的莫过于阳春四月去爬山，那个时节，粉红的桃花杏花才开，沁人心脾的味道吹散在风里，随着每一次呼吸，进入到最深的心底。顺着山势往上爬，累得气喘吁吁，满头大汗地站在山顶的瞬间，便可把绿油油的麦田和连成一片的村落尽收眼底。

摘几朵嫩花别在衣襟，香气可以持续多日。回到家中，还未来得及插入水瓶中，又被好友拉着去放风筝，拽着长长的线一直往前跑，大风把衣服吹得鼓鼓的，脚步仿佛永远不会停下，永远不会疲惫。

可是如今，我在南方的城市住下，这个季节，雨水丰沛得简直让我误以为是盛夏。每一天都是湿漉漉的，洗好的衣服被晾干也很少能闻得到被阳光暴晒的味道。生活的便利化和越来越亮的灯光，让白天和夜晚没有了明显的分界线。

有一次被朋友拉着去爬山，他一路开车到城市的边界，不停地跟我描述山色秀丽，说一定能让我找回故乡的味道。可是从山脚起，光滑平整的楼梯就已铺好，我们拾级而上，很快就走到顶上的凉亭里。初秋十月，山中的空气仍炙热黏稠，衣服被汗水湿透，耳边鸟啾禽啁，头顶的天空碧蓝如洗。

周围的一切都恰到好处，可我知道，这不是日日夜夜牵挂的那片熟悉的土地。

我的乌托邦，早在十年前离开家的那一刻，就遁入无声无息的黑暗里。

故乡的农历新年总是热闹而隆重的，留在家中的人要从进入腊月开始，就仔细准备年货，翘首以盼远行客。每个人脸上的喜悦开心溢于言表，在一场场及膝的大雪里，纷纷说着新年快乐，瑞雪兆丰年，明年一定是个大丰收。

白日里没有铲完的雪，过了一夜又被重新覆满，我和哥哥一脚深一脚浅地艰难跋涉，去外公家里拜年。白茫茫的天地间，我们成了一个个移动的小黑点，四周安静得只剩下我们踩在雪上的咯吱声。哥哥提议唱首歌，我就哼起才学会的《踏雪寻梅》，偶尔脚下一滑跌坐进雪里。就这样慢慢走着，好像我们进入了某个隐秘的仙境，一起笑着闹着，丝毫不觉得天寒地冻。后来过了很久，久到我淡忘了很多家乡话，融入了新城市，再也没有见过那么美那么洁白的雪。

也是冬日的傍晚，一个人拉低了窗帘，缩在沙发里看岩井俊二的《情书》。当女主角躺在皑皑的白雪上，大声冲远方喊“你好吗？我很好”的时候，鼻子突然一酸，无法自持地大哭起来。我想到故乡安静而萧索的冬季，干枯的芦苇塘，赤裸裸的枝丫，挂满冰凌的屋檐。

外公已经去世了，那条走了无数遍的路，我已数年未踏足，哪些人来了又走，几多大雁南飞未归，我全然不知。

时光走得太快，我还没有好好享受青春，又觉得年华逝去。就像在这个新旧年交替的晚上，大家都忙着看跨年晚会或者去公园赏烟花，我竟脆生生地拒绝了他们善意的邀请。一个人站在窗口看着这个繁忙热闹的城市，轮胎碾压路面的哧哧声从不间断，路灯会一直亮到天色大白。我看到了越来越多的风景，尝到从前没听过的美食，读了许多的书，可是仍觉得，生命中很重要的一部分，已经失去了，且无法追回。

身边的朋友换了一拨又一拨，他们来自不同的城镇或村落，他们对这个城市充满期待，想着以后在此扎根。我很多次想问，难道你们就没有我这种挥之不去的乡愁吗？不会一直留恋在过去，而觉得眼下安身立命的地方怎么都让自己缺乏归属感吗？

可是话到嘴边我又忍住，我知道他们中的很多人是付出了太多的努力，才有机会看到这个精彩纷呈、日新月异的大世界。没有做出一番成绩，是没办法回去最初的起点，他们不想，也不会轻易认输。

我们所做的一切，都是为了更美的未来，一直回头的人，肯定走不远。

很多次因为恋旧情节而让自己身心俱疲的时候，我就这样安慰自己，毕竟不是所有的遗憾都要填满，也不是所有的伤痛都要呐喊。我以失去年幼时甜美的故乡为代价，换得往后灿烂舒适的人生，这其中荆棘遍布、迂回波折的情迹，想来也只有我自己，会守口如瓶，泪如雨下。

只有见过了众生百态，才不会安于现状，我尚未看到这世上所有的大洋，所以不必留恋最初的那片海域。

即使所有的记忆碎片，都拼不起一个故乡，但正如《圣经》里所说，我们不是顾念那些所见的，而是顾念那些所不见的。所见的是暂时的，所不见的是永恒的。

山一程，水一程，聒碎乡心梦不成，故园无此声。把醇香的记忆沉淀进光阴的酒窖，就做那颗最饱满多汁的葡萄。即使最后成了佳酿中的一滴，亦为自己那样真真切切存在过、没有浪掷生命而深深骄傲。

满世界的阳光倾尽，我与你相遇

她　夏

当初三来临，什么都开始不一样。

同学之间的感情越来越好了，大家都在珍惜最后的时光。聊天的话题更多地偏向于对未来的思考了。每个人都恨不能像孙大圣那样拔下一撮毛，就可以变成好多个自己。一个写语文作文，一个背英语单词，一个攻克数学题……

我们像听话的提线木偶，麻木地顺从人们的指挥，努力演好每一出戏。

数学像一氧化碳，弥漫在整个班级，每个人都被这种毒气呛得不行。面对数学题时的不知所措，让我很难说服自己一切都会好起来的，好在有她的陪伴。是她让我觉得再坚持下去，就会被天使记起，给予我们与努力成正比的回报。她有一个特别的称谓，叫作同桌。

我们一起上课，一起去厕所。唯一的一次逃课，也是我们一起。好像做什么事情都是一起的，当我们的影子紧密地日复一日地重合在一起，一同坚定地向前行走，坚信两个人会形影不离地一直走过往后的风风雨雨，纵使沧海桑田，纵使荆棘坎坷，也掩饰不了那一份承诺。那时候，我们常常爬上天台听淡淡的歌，任远去的飞机带走所有的忧愁，只剩下一道快乐的弧线。耳机里重复循环着一首歌，一种心情：“有多少苦痛有你和我一起度过一起承受，有多少快乐有你和我一起享受一起感动。”

当我察觉时间是小偷，偷走我们的青春和梦想。

一个人年轻的时候总会有很多不切实际的梦想，而现实总是一次次将我们的梦境敲碎。

喜欢音乐的你，却把MP3里的流行音乐全都删掉，取而代之的是满满的英语听力；喜欢画画的你不会在课本的空地上描绘一个个漾着青春色彩的涂鸦，各种公式例题霸占了那些地域……

偶尔我们也会大呼一声，“我要的生活不是这样的！”但看到周边的同学都在埋头写写算算，看看黑板上的倒计时又打折了，也只能继续投身于题海之中。

生活没有童话，有些梦想，先放一放吧。

那些梦想被堆积在最不起眼的角落，布满尘埃，最后连自己也忘了，这是我们曾经多么热爱的东西。

但是我始终相信，相信我用整个初三换来的夏天，将会阳光明媚。

放马过来吧，六月的那场战役。

请把幸福带到

梧桐在说

其实关于你，我的脑海里是没有记忆的。我不知道该说这是我的幸运还是我的缺憾，因为不记得你，我心里才不会因为一些有关你的回忆而时常感到心痛，可是，你对于我，又是多么重要的存在，我又多想能记得你的一些音容笑貌。

小时候，周围的人从不跟我提起有关你的事。只是那些大人背后偶尔会提起你，我心里的疑惑才慢慢浮现出来。再大点儿，我终于明白其中缘由，也明白为什么长久以来家里总是有一种奇怪的氛围。也许是天性吧，我对你的思念越来越重，越来越想知道关于你的事。

我鼓起勇气找到小叔要你的照片，小叔把照片递给我时，我感到自己的手在微微颤抖，是真的很紧张啊！照片上的你，眉清目秀，干净温和，对着我温柔地笑。我突然鼻子一酸，赶紧把照片还给小叔，再不敢多看几眼。

那时，我时常想，如果你还在，我是不是就能够每天早上由你带着我去小学，不用我独自走那三十分钟的路；如果你还在，我是不是就有机会让你牵着我的手去散步，不用孤零零地坐在外婆家看无聊的电视剧；如果你还在，我是不是就能拥有一只大大的趴趴熊，不用去羡慕邻居那个小孩子的爸给她买的布娃娃；如果你还在，妈妈是不是就可以轻松些，不用每天起早贪黑去赚钱；如果你还在，妈妈是不是就可以更幸福些，不用受到另一个男人的伤害；如果你还在，弟弟是不是就会更开朗勇敢些，不用总是受到邻居孩子的欺负……

我想了好多好多，不断地哭泣。因为你早已不在。在那时，我一直觉得幸福离我好遥远。尽管外婆他们一直在给我最大的关爱，可我还是害怕着，痛苦着，更因为妈妈的痛苦而痛苦。妈妈才是因为你而感到最痛苦的人！

但她也是那个最坚强的人！她坚强地扛起一切，一直努力着把我们的不幸都赶走，想把幸福带给我们。她强迫自己变强，变成一个无坚不摧的女人，一个愿为我们牺牲所有的妈妈。她代替着你，为我们的学费奔波，即使必须厚着脸皮去借； 她代替着你，孝顺着爷爷奶奶，即使奶奶从没有好脸色对待她； 她代替着你，把我们养育成人，即使只有她一个人在努力。怎么样？你是不是觉得娶了她，是你最自豪的事、最大的福气？可是，我想，你一定也很心疼她吧。我们也是，好心疼，好心疼。我们又该怎样把幸福带给她呢？她说，只要我的孩子幸福快乐，她就是幸福的。我想，你一定是把你的眼泪混在我的眼睛里了，不然，我为什么那么爱哭呢？

在时光的推搡下，我们慢慢长大，生活也慢慢变好。

妈妈终于愿意，或者是释怀地跟我讲起你的事，我很惊讶你们是自由恋爱的，我那四个姨妈可都是通过相亲的。我真心觉得你们之间的故事是我听过的最美好的爱情故事。

你们是在同一个工厂工作的。妈妈说她当时又矮又胖，至少要比现在老十倍。可你偏偏长得也不赖，厂里那么多漂亮女孩，你却喜欢上了她。她问你怎么会喜欢上她，你说是因为她那么安静懂事，很特别。于是，你深深被她所吸引。在你们交往期间，你对她十分呵护，嘘寒问暖，却连她的手你都不曾碰过，你十分尊重她。妈妈说就是因为这一点，她才觉得你值得她托付一生。

哈，听到这里，我觉得你真是纯情得可爱，你一定很温柔，而且还容易脸红吧！

后来，你终于去她家提亲。可外公坚决不同意，因为你太穷了，离她家太远了。为这，她没少跟家人吵闹过，你也没少哀求过。你们早已认定彼此。

最终，外公为你们的决心所妥协。你们结婚了，你还是一如既往地对她百般呵护。就拿一件小事来说吧，你会让她在洗衣服和叠衣服之中选一样来做，而另一样让你来做。她嬉笑着说，当然是叠衣服啊。你故作惊讶地回她，还真会选！然后你便心甘情愿地洗衣服了。你们之间的互动总是那么甜蜜又温馨。

奶奶很偏心大媳妇，把很多繁重的活分给妈妈这个刚进门的媳妇。孝顺的你并不敢埋怨母亲，于是只好安慰自己的妻子，还会把她的活揽过来，顶着在外工作的劳累也要帮她干完活。

大家都说你是一个温柔好脾气的人，会为他人着想，一个很好很好的人，在妈妈眼里，你就是个没有任何缺点的人。我想象着在我三岁前，你曾对我有着怎样宠溺的表情，不知道有没有对我说过悄悄话。

过几天，你的牌位就要入祠了。我问小姨入祠是什么意思？她说就是要把你的牌位放在另一个地方，然后我们就再也不用在逢年过节时甚至是忌日在家里摆一桌子祭品去祭拜你了，想去祭拜你就要去祠堂。不知为何，我竟感到一种别离的愁绪。一度我想方设法想再靠近你一点儿，但我们注定会越来越远。

其实，我是想告诉你，我们的生活已经越来越好了。我们有了属于自己的新房子，有了一个完整的家。虽然在前几天，那个人又和妈妈吵架了，甚至差点儿动手。但我们已经懂得怎样阻止他们了。尽管我还是那么笨，不会很圆满地解决问题。但我已经下定决心了，接下来由我代替你，代替你去保护妈妈。

我已经好几天没有喊那个人了，我不想恨他，可我生气他不该那样对妈妈。他最近也一直沉默不语，是在反省自己吗？其实，我很爱他，我喊了他十几年的爸爸，我们之间早已有了深厚的感情和难以砍断的羁绊。他这几年的变化，我们都看在眼里，他真的在努力做好我们的爸爸。真希望他能继续改变他的缺点，做一个体贴的好丈夫。

对了，你知道吗？我还有了个姐姐，可漂亮了，虽然有时嘴巴总不饶人，但嘴硬心软，是个内心善良的好姐姐，两个弟弟也越来越懂事了，家里的事他们都很上心。外人可能会觉得我们家很奇怪，可那又怎样呢？我们并不在意，因为我们都很爱我们的家，只要全家在一起，我们都觉得很幸福。所以，你放心吧！希望你在天上，可以保护我们都平平安安的，更一定要保护妈妈永远幸福快乐！

尽管爸爸这个称呼已有那个人来接收了，但我永远不会忘记你。

我爱你！因为你，才有了我！你能知道我的心意吗？我知道的，你也爱我。

希望下辈子，我们能够做一对长长久久的父女。

一场记忆的旅行

小妖寂寂

行程是两个月前就和同学约好了，所以就算放假前看到天气预报说韶关地区会下雨，也还是提起背囊义无反顾出了门。其实天公还算作美，一直到第三天，在我们刚好游完了丹霞山的最后一个景点，上了车后，才终于如天气预报的那般雷电交加瓢泼大雨。

大巴在高速路上急驰，看着车窗外如注的雨滴，遗憾拔地而起，扶溪终究是没有去成。却也有一点点的如释重负，小时候的记忆不容任何东西染指。

是的，韶关之行，我原本想着还可以到扶溪走一趟。扶溪是韶关市仁化县的一个小镇，当年举家搬迁过去的时候，我才五六岁，记忆还有点模糊。但是当时的扶溪，我记得很清楚，新家后面有一口大池塘，晚上睡觉时能听到青蛙呱呱的叫声。后来不知为什么，我们又搬到了扶溪镇的另一处，那里便是我多年来魂牵梦萦的地方。

家旁边有个很大的篮球场，但是从来没见过有人打球。边上是电影院，倒是全家人进去看过电影，只不过一关灯弟弟就会哇哇大哭，所以电影最终也没看成。

真正让我挂念的是那里的人们。

我记得隔壁家是卖香烛的，屋里总是飘着檀香的味道，我经常跑过去玩，慢慢地也就习惯并且喜欢上了那股檀香味儿。他们家有一个疯儿子，留着很长的头发不肯剪掉，整天跑到街上去游荡，把自己弄得脏兮兮的。隔壁家的隔壁则是个大户人家，但因为他们家没有小孩儿，所以我的记忆里不是很清晰了。没有小孩子的人家统统都跳过，便到了聂然家，我居然还记得她的名字，那时候她都上五六年级了，是我们这一群孩子中最大的。聂然有一个弟弟，很小，刚上学前班，奇怪的是他老喜欢跟在我屁股后面转，所以常常被我使唤。而聂然家的隔壁就是西兰的家，那时候我不大喜欢她，因为她总是扬着下巴斜着眼睛看人，永远都是一副瞧不起人的跋扈的样子。她一跟我吵架就喊我爸作“包子佬”，因为我爸在扶溪的职业就是做包子来卖。对这一点我特别记恨，因此对她家的记忆也尤为深刻，她家里是做家具的，所以总会传出锯木的声音，木屑的味道我现在都记得。

然后是聂然家对面，那是我们全家人都不会忘记的一户人家。那就是老朱家，老朱是广西人，拖家带口、背井离乡来到韶关开了一家杂货铺。我们两家之所以那么要好，是因为当我们初搬到扶溪，人生地不熟的时候，老朱特别热情地帮着找地方住，而且得知我们有困难时，也是从来二话不说就把钱往我们家送，就这样，他和爸爸成了好兄弟。大人之间的情谊我说不大上来，但老朱的女儿青彦是我人生中第一个视为朋友的人，她喜欢跑到我们家来玩，加上我弟弟，几个小孩子能玩的游戏很多，抛石子、跳方格、躲猫猫、过家家，不亦乐乎。

我见证了扶溪小学第一栋教学楼的建成，就是搬迁至新教学楼的那天，我戴上了鲜艳的红领巾。我和青彦虽不在同一个班，但是我们每天一起上学放学。小时候其实没什么朋友的概念，只知道什么都想跟她讲，什么都要一起玩。在大街尽头有一户人家，就只有一个老太太在，从来没见过有人来看她，我和青彦就经常会跑去和老太太唠嗑。后来老太太告诉我们弄堂尽头的那边有一条小河，青彦便拉着我一路欢呼来到了河边，其实那河水深不及一米，但是那个时候我总觉得我一下水准会被淹死。所以怕死的我，就只能看着青彦趟过小河爬上对面的小岛，朝着我伸出手臂使劲儿地摇，像获胜的将军一般。更多的时候，她只是陪着我站在河岸边去拾上游流淌下来的落英。大人不在家的时候，青彦也会带我去偷他们家杂货店卖的小零食，或者到菜园子里偷摘西红柿。我至今都没想明白，小孩子为什么都喜欢做小偷，有些东西明明可以光明正大得到的，却仿佛偷来就有更大乐趣。

不管多么亲密的人，总要散场。

小学三年级的时候，我们又要举家搬迁回家乡去了。临行前的一天，爸爸带我去跟老师同学们说再见，爸爸说，当时老师很舍不得我，因为我很乖，是一个好学生。而我和青彦，我们都还稚嫩到不知道什么是离别，更不曾想过这会是我们最后一次的见面。我记得的是，在一个星星和月亮都还挂在天幕上的凌晨，街上好多人来我们家话别，送吃的用的，几个叔叔还和爸爸喝起了酒来。当时我懵懵懂懂地想，原来我们家是那么的受欢迎。

但时不待人，大人们的话远远还未说完，天就亮了。然后我们一家在众人的目送里，就这样轰轰烈烈地离开了扶溪。

回到家乡后，我插班入读了当地的小学，并且开始和青彦通信。才小学三年级的我还有很多字都不认识，不过妈妈教我可以用拼音代替。在和青彦写信的日子里，我渐渐地开始怀念起扶溪的一切。那个总是空空的球场，那个没看成电影的电影院，那些檀香的味道，那个名字叫阿旺的疯子哥哥，聂然和她的跟屁虫弟弟……甚至连那个总是高仰着头像个骄傲公主的西兰，也在我的梦境里出现过。

我开始希冀着有一天能重返扶溪，去见见我日夜思念的人儿。

就这样和青彦一直通信到初二，然后不知怎么的就忽然断掉了联系。学习的繁忙，让我没有了想太多的空间。直到有一次月末放假回家，爸爸说接到了老朱的电话，在电话里，他提起青彦，说她得了脑膜炎，是因为某次发高烧没及时救治而导致的。据老朱介绍，青彦的智商只有两三岁儿童的水平了，连自己的爸爸妈妈都认不得了。我一时愕然，第一时间想到的是，我亲爱的青彦，她再也不认识我了。然后就到了我高一的那年，老朱打电话给爸爸，说青彦去世了。青彦死了？我愣了半天后才用尽力气哭了出来，我再也见不到青彦了，就算回到扶溪去也见不到她了。是的啊，我的青彦不在人间了，在女孩子最美好的时候，她如星星那般陨落了，这是让人多么难过的事情。

而再后来，听说老朱家也搬离了扶溪，扶溪的生活已经面目全非……

生活总是会让人有些身不由己的无奈，就好像现在的我，原本只是想写一篇游记，却不自觉地让记忆来了一场并没有计划的旅行。我举手揉揉潮湿的眼眶，桌面上摆着的相架里，青彦笑得一脸的天真无邪，我知道她想告诉我：记得要珍惜。

我会带着你们的梦，用力奔跑

多年奔波劳累，他唯一变的；是身体。唯一不变的，是对读书的支持。

我鼻子忽然酸得很。

后来，每当我独自一人，在学校感到无力沮丧，稍有放弃的念头，我便会望向家的方向，轻声告诉自己，“在那里，还有一双充满期盼的眼睛在望向这边。”

而且一定是目光灼灼。

我的背后是一座山，山支撑着我一路向前不倒下，我不后退，不回望，不放弃。

放逐凤凰

微溺水殇

在去教务处递交了转专业的申请之后，我从抽屉里翻出了些陈旧的明信片，斑驳的邮戳诉说着形形色色的心情故事。积聚在内心深处的小情绪被明信片上的只言片语碰撞摩擦着，远行的冲动愈演愈烈，于是，仿佛顺理成章收拾行李奔赴了火车站，一路向西，直到湘西。

坐在陈旧的绿皮车里，方言大杂烩肆无忌惮地充斥在耳畔，我埋着头看着车窗外的景致像电影胶片一般一格一格地闪现，伴随着火车昏昏沉沉地左右摇晃着。微信无聊地摇了摇，很快就摇到了一个地理位置为凤凰的女孩儿，于是跟女孩儿有一搭没一搭地聊着天。

如期踏上边城凤凰，我就迫不及待地从沱江边的吊脚楼拍到了步行街里的长裙女子，从沈从文故居里的行为艺人拍到了虹桥下的流浪歌手，一路疯癫，不亦乐乎，最终不敌毒辣日光，灰头土脸地钻进了一家格调清新的冷饮店企图纳凉蹭网。

“美女，一杯芒果冰沙。”

女孩，边擦拭着瓶壁上的水珠，边笑盈盈地抬起头，“呀，你是不是昨天摇一摇的那个姑娘，人比头像好看呢。”

还未待我反应过来，女孩儿就大方地伸出手：“你好，我叫小柔，欢迎来凤凰。”

那天冷饮店的灯光暖暖地打在小柔细腻如瓷的皮肤上，有着斑斓而美好的肌理。

于是这段微信艳遇就在小柔热情温暖的笑容里奇葩上演了。

当小柔问及我为什么会突然只身一人一路颠簸来到凤凰的时候，我正坐在沱江的小竹筏上，听着不远处苗家吊脚楼里传来的高亢山歌，在静谧的日光下，静静地享受着慢吞吞的生活节奏。

我给的回答不清不楚："就是做了个不大不小的决定，心里有块不大不小的纠结体。"

小柔纯真的眸子里带着迷茫与好奇，她把脚伸到沱江碧绿色的湖中迅速荡了一圈涟漪之后说："我没有读过大学，不懂你的选择。但是每做一次重大决定，应该都是一次美好的愿景吧。"

撑竹筏的师傅站在船尾冲着我笑："姑娘，来凤凰了，就该放下一切，尽情享受。"

我对着小柔打了一个大呵欠，抬起头看着大片阳光从指缝间隙过滤开来。

我永远记得电话那头的父母听说我私自递交了转专业的申请书时短暂的沉默与长久的叹气。我离开的专业是热门但毫无兴趣可言的金融专业，我重新选择的专业却是冷僻却能让我梦想发光的新闻专业。这个选择，对错与否，我不知道。

身为冷饮店大股东的小柔一整天都陪着我消磨着边城时光。时不时钻入我的镜头充当一下路人甲，挑挑路边苗族阿婶的手工苗银在我手腕上比画着，请我吃辣得让人跳脚的口味虾，看着我被辣得上蹿下跳，咯咯地笑不停。

转眼间，西下的夕阳用最后一抹彩霞装点着小小边城的静谧。虹桥洞里闪亮的霓虹灯，流浪歌手淡淡的声线跟跳跃在手鼓上的灵巧手指。倒映着的红灯笼高挂的吊脚楼和小水车边苗族少女舞动长裙的动人的身姿。我跟小柔赤脚走在青石板街的老巷子里，突然小柔回过身，一脸神秘。

"喂，想不想听个故事。"

“嗯。”

“高中毕业那年，我父母因为出车祸去世了。肇事方用轻薄的三十万让我瞬间成了孤儿。村子里的人都劝我买套房子趁早嫁人。我却拿着这三十万来到凤凰古城开了家冷饮店，我走之前，爷爷拿着鸡毛掸子追着我打了一晚上还是没有动摇我的决定。”

小柔背着身子，我能看到她轻微抖动的肩膀。

“我不甘心一辈子待在大山里看不到未来的世界，我不甘心祖祖辈辈靠天吃饭的宿命，即使众叛亲离，我也想给自己个机会，哪怕触摸一下外面世界的棱角也好。”

“结局不是好的吗？亲爱的。”我揽过小柔的肩膀。

“所以你也一样嘛，年轻总得有一次不撞南墙不回头的热血情怀嘛。所以，姑且坚持你的选择吧！”小柔的瞳孔亮闪闪的全是期待。

我看着小柔明亮的瞳孔，旅行的意义大抵如此吧。逃离了现实的喧嚣，带着对未来的觊觎，把自己放逐在陌生的地域。路过了许多美景，经历了从荒芜的内心到繁华世界的蜕变，纵使眼神疲惫，满面风尘，却懂得了为了一些绝世的光亮，努力地去生活，为自己每一个决定负责任。

从边城小镇风尘仆仆地归来时，书桌上静静躺着转专业资格认定合格书，我看着那张薄薄的纸片，终于没有忘记对我的未来打一个响亮的招呼“Hello，未来，请多指教”。

秋刀鱼的滋味

杨 涿

云朵第一次来看我的时候，我正在接亓亮的电话。

我有个改不掉的坏毛病，不管是谁打来的电话，接前总要先把床弄得舒服点儿，摆个舒服的姿势躺上去，再懒洋洋地接起来。没有耐心会早挂掉。

那天，我正舒服地躺着和亓亮聊天，云朵一下子出现，挡住我享受阳光的眼睛，把我吓了一跳。

它是白色的，可爱极了。毛短短的，脑袋尖尖，耳朵小小的，尾巴很长。像一团跌落人间的云朵。午后的阳光洒在它身上，一圈金黄。

我决定叫它云朵。它是我一个人的云朵。

亓亮说他在杭州，杭州好美啊，天堂一样。他说怙怙你一个人在家不要寂寞啊，以后我带你来杭州玩。

我说好啊。

然后我安静地听亓亮给我讲他录节目时发生的有趣的事，云朵安静地趴在窗台上看我。

亓亮是个很漂亮的男孩儿，大大的眼睛，长长的睫毛，说话的时候一眨一眨会让人觉得是掉进城堡里，不小心遇到了王子一样。

让我不能理解的是，他去做了一名儿童节目的主持人。每天在电视机里蹦跳着，微笑着，一副永远也长不大的可爱样子。如果我们都曾拥有过这样的童年该有多好。

亓亮说怙怙你不开心吗？怎么一直不说话？

我说我很开心，刚才在想一点事情，哦，对了，我有了我的云朵，它陪着我呢。

亓亮说云朵？云朵是什么？

我说它是我的天使，正趴在我的窗台上。

亓亮说好哦，我回去时去看你的云朵。怙怙，你要开心。

我挂掉电话，从床上起身去看云朵的时候，它又像被风吹走一样，跳上柿子树，不见了。

我想我撒了谎，云朵就像云朵一样，永远也不属于我。

我和亓亮从小就认识。那时我们在一个班，坐在班里最后一排。我到现在还记得每一位老师看我俩时充满怜悯的眼神。

他们都没错，我和亓亮都没有爸爸。

我爸爸在我出生前就离开我和妈妈，他并没有抛弃我们，他永远都不会抛弃妈妈和我。妈妈说他会永远爱着我们，无论他在哪。

妈妈曾经为了她的爱情，追随爸爸去了遥远而寒冷的黑龙江。他们住在小兴安岭南麓的一个小镇里，爸爸在一所中学教书。

我出生前的那个冬天，爸爸从林场回来，冒着大雪，替林场一个生病的司机开卡车，车上装着满满的木头。下坡时，一个小男孩儿坐着铁锹从另一边冲下来，眼看着就撞着那个孩子，爸爸拨转了手里的方向盘，朝旁边的桥下冲去。

妈妈说她嫁了一个这样的人，一辈子都不后悔。

妈妈给我取名叫怙怙，她说是依靠的意思，我就是她唯一的依靠了。外公病重的时候，妈妈才带着我回北京来。于是我认识了亓亮。

班里那些年龄大点的孩子总是欺负我们，说我们没有爸爸。我在一旁伤心地流眼泪，亓亮一边哄着我一边和他们打架。

亓亮跟我说他爸爸还活着呢，去南方了。我说亓亮你别怕，他一定会回来的，你每天睡觉前在心里数数，数一个数想一遍你爸爸会回来，他就一定会回来的。

他眨着大眼睛说他要试试。

然后，等我们要高中毕业时，他爸爸真的回来了。我一点儿也不相信那个个子矮矮、头有些秃顶的人会是他爸爸。我明明记得他跟我说他爸爸特别高大，也有一双好看的大眼睛，如果去演戏的话，一定会演个英雄。

我想我们都需要一些幻想吧。像做梦一样幻想我们青春年华中未曾得到的东西。

比如我的云朵。

我趴在阳台上等着我的云朵。它有几天没来了。柿子树上结了好多柿子，红彤彤的，好像一不小心就会掉下去。

我的云朵呢？

我一个人做了好吃的秋刀鱼。我会做很多菜，这是我做得最好的，是妈妈教我的。她说我刚出生时像只小猫。我想，如果我是白色的话，也就是云朵那个样子。

我记得小的时候，亓亮妈妈加班时我就会带他回来吃饭。我妈妈特别喜欢他，一个劲儿地往他碗里夹他爱吃的秋刀鱼。他像只可爱的小猫一样，乖巧地吐鱼刺。

我沉浸在锅里飘出来的香味里，想起亓亮小时候的模样。然后，听到阳台玻璃上轻轻的声音。

那是我的云朵，它来了。

我拉开窗子，云朵一下跳进了我的厨房。

我看到柿子树下站着一个男孩儿，仰着脸看我。

他说那是你的猫吗？

我想了半天，说，不是。

他说那你把它抱下来好吗？它现在是我的模特，我还没画完。

我说这样啊，可能是我做的秋刀鱼的香味把它给吸引来了。

他说那完了，它不会下来的。

我说那你上来吧。

云朵趴在我的桌子上吃我做的秋刀鱼。我和男孩儿一人坐一边。他的画板靠着墙角放，背对着我，我看不见他已经画了一半的云朵。

他在我家吃了晚饭，然后我们成了好朋友。

西宁出生的拉格，北京长大的拉格。

拉格在美专读书，他说画画是他的生活，更是生命。他说这个城市的一切都是没有生命的。他背着画板找了好久终于遇到一只白色的云朵一样的猫。

我说它就叫云朵。

他说你知道它的名字？

我说只有我一个人叫它云朵。从现在开始，它也是你的云朵。

拉格说云朵真好，让他想起许多有生命的东西。谢谢云朵，下次他会带秋刀鱼来，请我和云朵吃。

我泡了茶坐在阳台，等待我的云朵。我喜欢看它轻盈地穿梭在熟透的柿子中间。

电话响。我跑回去接。亓亮的。

他说，恬恬你还好吗？

我说，嗯，有云朵陪我。

他说最近真的很忙，总是在一个地方忙完又必须飞到另一个地方。

我说我知道，每天在电视上都会看到你，总是微笑着，像个孩子一样。

他说是啊，我也没想到我真的长不大了。他说恬恬你等一下，你听一听是什么声音。

电话那头吱吱的声音。我说不知道。

他说是海啊，你最喜欢的海啊。

我呵呵地笑。他一直还记得，我曾经那么喜爱着海，我跟他说等我老了就跑海边去，买一个小屋住，天天去捡贝壳。

他说他在三亚，好美啊！

我真的替他高兴。我记得他爸爸回来那天他趴在桌子上哭得厉害，不知道是高兴还是难过。他红着眼睛说怙怙，真的要谢谢你，我天天数数，要我爸爸回来，他真的就回来了。

我的亓亮，真希望你一辈子都不要难过。

拉格带来了秋刀鱼。我洗好，放进锅里，香味还没飘出来的时候，我就看见云朵像一团云朵一样把脸贴在我的阳台窗子上，幸福地看着我和拉格。

我们三个坐在一起吃我做好的秋刀鱼，我第一次发现拉格居然是左撇子。他画画的时候一定也是用左手吧？

拉格说也许他真的不适合这个城市吧，他出生在青海，却忘记了那的天有多高，有多蓝，有时他会梦到他出生的地方，却忘记了颜色，没有颜色的世界该是多么悲伤啊。

拉格说，他想去一次可可西里。

他说着的时候，云朵一声不吭地品尝着它的美味。

冬天来了的时候，云朵总是会爬上柿子树，跳到我的阳台上，轻轻地敲我的玻璃。我几乎是跑着去给它打开窗子，怕它在外面瑟缩。

我越来越确定云朵是只野猫，它从来不会在我家待太久，甚至从来没有去过我为它准备的小窝。云朵它是热爱自由的。它来找我，也不过是来看看我，陪我吃秋刀鱼的吧。

亓亮来的时候，从来没有见过云朵。无论我们怎样等待，或者我做秋刀鱼给它吃，云朵总是不会出现。

亓亮说怙怙，你真的有只猫叫云朵吗？还是你的幻想呢？

我说也许它只是我一个人的云朵吧。

整个冬天，我再也没见到云朵。有时我会看见一团一团的雪花挂在树上或者谁家的窗上，以为那是云朵，可惜都不是。我的云朵，你去了哪里呢？你和拉格一样都没有了消息。

夏天突然就到了。我打开窗户晒着太阳。柿子树又像去年那样茂密。

我看到树下有一团白色的东西，像一团掉落人间的云朵。云朵，是你吗？你是我的云朵吗？

我跑下楼去看它的时候，它正懒洋洋地躺在草地上，四条小腿朝一个方向伸着，像个贵太太一样。看到我，它站起来，朝我慢慢地走来。它的肚子离地面那样低，里面分明是有几只可爱的小猫了。我的云朵，它快要做妈妈了，它快要做妈妈了，我日夜思念着的云朵，这个冬天，还有春天，你跑去哪了呢？你一定想吃我做的秋刀鱼了，是不是？

我一下子想起拉格了。他在哪呢？

亓亮打来电话说，他在做节目。

我说你天天都在做节目的啊。

他说今天这个不一样，在做一个有关画展的节目。

我说哦。

他说我看到一幅画，上面的女孩儿和你很像，眼睛里有着明媚的阳光和看不见的忧伤。

我说这样的女孩儿好多的。

他说她的怀里抱着一只猫，白色的猫，尖尖的脑袋，小小的耳朵，你知道画的名字叫什么吗？

我想我能猜到。我一定还认识那些画的作者。他的画里一定画满了高高的蓝天，或者飘着纯白的云朵。

亓亮说名字真是太抽象了，叫作《秋刀鱼的滋味》。

喑哑之伤

夜七童

1

我背着吉他走下楼梯，心里一阵忐忑不安。

暑假来临，妈妈安顿好了新家，又安排我去参加吉他班。当然，学费是我自付的，吉他也是我一个人去买的。我帮妈妈折拜神时烧的“可丝”，一百张得五块钱，每次折完后，十指都会被金属粉末染成红扑扑的颜色。接过妈妈手中红红的钞票，一张张存折，叠加，攒了四个月后，终于如愿走进琴行，取下那把乳白色的吉他，轻轻拂去灰尘，琴码下面有一行黑体字英文，乖张的笔调。

Live For Music。

我轻轻念着：“Live For Love.”

只是在心底默念着，喉咙被喜悦的潮水来回冲击，久久未发出声音。

老师让我周六去琴行上课，“不要迟到哦。”她揉了揉我左耳旁边的碎发，对我柔软地笑。

今天就是周六了。

奇怪，我害怕什么呢？

来到琴行后院，拎了张椅子坐下，老师在黑板上写下课题，粉笔灰簌簌而落。我略微走了神儿，目光移至写字板旁边的那个女生。她正和别人说笑，真像一只波斯猫啊，皮肤白皙，棕色懒卷，天蓝色连衣裙，衬托得她格外精致可爱。我看了她一眼后便低下头，拉了拉衣角，自觉卑微。

开始上课了，听那个朱古力肤色的女老师，把“弦”字读成“悬”字音，我心里就悬得慌。终于知道自己之前害怕的是什么了。我只是害怕听不懂，害怕学不会。

课间休息时，听到老师叫那个女生的名字，好像是叫陈如吧。回座位时，我们四目相触，她对我笑了笑，我也笑了笑，只不过低下头，谁也没看见。

第二次去琴行时，我们坐在了一起，她问我几点了，我把腕上的手表摘下给她，然后我们愉快地聊起天。她的眼睛宛若月圆之夜湖面浮着两只小白船，笑的时候眼底涟漪徐徐散开。这样的女孩子，即使问你要天上的星星，你也乐意为她摘吧？我们聊天的话题一直轻松，有一次她问我，“你的T恤衫里面那件衣服好像印着字母哦，是什么呢？”

“你猜呗。”

她侧过身凝视了几秒钟，“I love you？”

“不对。”我有点儿失望，“是Thank you啦……”

彼时的我，自卑怯懦，完全不懂得爱为何意。如果问我爱什么，我可能只会低低地说，我爱我的吉他。仅此而已。

2

一个月后，我退出了吉他班，因为学费已经不够了。和陈如的联系也在意料之中戛然而止。

每次上琴行前，我都会站在窗边重复一次次深呼吸。琴行就在我家楼下的对面，低下头，一辆摩托车飞驰而来，停在琴行门口。女生摘下闪闪发亮的头盔，轻巧地跳下车，向车上的男生挥挥手，转身进了后院，天蓝色的身影美丽得炫目。

那个男生叫从落林，这是后来我从陈如的介绍中得知的。那时候，他站在远处的紫荆树下伸出右手，叶子飘落，纷飞曼妙成精灵。

秋天了。

九月，开学报到那天，我给自己换上了陌生的新校服，站在镜子前一时无措，那些新同学看见我会失望吗？如此，笨笨的，灰灰的，我。

作为转校生，老师让我上台做自我介绍。我硬着头皮说了几句，抬起头时，蓦然望见一片善意的目光中，有双眼是那么熟悉，应该算熟悉了吧？毕竟她是我来到这座小城后认识的第一个朋友。

“没想到哦，咱们会是同班同学。”下课后，女生走过来递给我一瓶杏仁露，她笑得很开心。我抿了一口露露，冰凉，爽口，清甜。看了看她的校章，喔，陈茹，不是陈如。

缘分总是这样的吗？一些原本互不相连的端点，跌跌撞撞地相遇，不小心牵成线，直线微微一摇晃，弯出一个美丽笑容的弧度。

然而，是怎么和从落林相识以至熟悉的，已成为一段模糊的记忆，每天放学后他都会在校门口等陈茹出来，送她回家。很多时候，我挽着陈茹的胳膊走出校门，目光落定夕阳下的少年。他骑在摩托车上，目无焦距地望着天边那一抹琉璃色，背影单薄而倔强，身边的女孩儿依然笑得无忌。我垂首无言，心弦颤得厉害。

双休日，我打着研习功课的旗号，抱着一摞习题去陈茹家玩。不料在楼道里撞见从落林，他手上拎着两大袋东西，其中一袋露出一大片菜叶在外。天哪！我倒吸一口冷气。他为她做饭？！一个钟头后，陈茹跷着二郎腿坐在饭桌前大快朵颐，我则埋头做卷子，不知道该做什么表情。

我从来不问及他们的关系，一是不想显得自己八卦，二是想不出“为什么问这个”的借口，怕摊上“图谋不轨”的嫌疑。其实，显然，他们是情侣，不是吗？看到陈茹坐在从落林的摩托车后座从我面前风驰而过，我总会想起《男生日记》里的冉冬阳和吴缅。女生温柔单纯，男生冷酷成熟，绝配吧。他会对她宠溺地微笑，她会挽着他的胳膊撒娇，我在一旁默不作声，心底浮云般地惆怅。

3

与从落林渐渐熟悉起来，发现他其实远没有想象中那般不易相处，和陈茹一样爱笑，笑容通透无邪。经常给我讲不会的题，用笔敲我的脑袋，骂我猪头，然后耐心地为我理清思路。他手抚吉他轻弹的时候，我觉得全世界只有他一个光源了……

这些一点一滴，都被我刻录在了日记本上，默默地，默默地，任它们在纸的纹路上无声流淌……

从落林的厨艺很棒，比我妈烧的菜还好吃，为此我总能沾点儿口福，然后有点儿邪恶地想，要是他能做我爸就好了……

有一次弹吉他，中途我跑去帮从落林端盘子，动作太过匆忙，吉他搁在板凳上，一个重心不稳摔下来，砰的一大声，我吓呆了，盘子从手中滑落，碎了一地。一盘凉拌黄瓜就那样散了，盘子还是陈茹最喜欢的。从落林停下手中的物件，帮我把吉他拾起来搁在床上。“以后小心点儿喽，这把琴如果是我的，我不知道多心疼呢。”陈茹也跑过来替我收拾一地狼藉，没有责备我一句不是。我蹲下身去，手指划过瓷片边缘，钻心地痛。之后连续几天没有弹吉他，食指和中指上小心地贴着咖啡色创可贴，还比了V字型手势留影纪念，从落林笑我那样子好像动物园里的大棕熊，“笨哪你！”

闲暇时，我经常去厨房打下手，手忙脚乱，乱鼓捣一气，偶尔被飞溅的油花烫到手，手背上立即起泡。很疼，可我始终未叫出声来。从落林正专心地挥舞铲子，没有注意到我的异样。

那些日子里，我只希望自己可以坚强，再坚强，即便疼痛也忍住不说。

4

我越来越喜欢喝露露了，只因喜欢那种凉的感觉。露露罐上那个叫许晴的明星，笑容温暖胜似晴天。

冰凉而温暖，就是从落林给我的感觉吧。第一次遇见他时，他站在紫荆树下，眉宇间寒气若剑。然而在陈茹家的楼道里，他双手拎着购物袋，额上的汗水依稀可见。我惊愕地睁大眼睛，他淡淡地笑笑，掏出钥匙开了门。

只是一笑，淡若轻风，我的心底却涌出丝丝暖意。

陈茹告诉我，琴行那条街的尽头新开了家便利店，“那里有个店员长得很像落林哦。”

我去过几次，柜台前只有个笑起来有甜甜酒窝的大姐姐，于是困惑，旁敲侧击地打听内情，才知道便利店的职员是二十四小时轮班的，“他晚上十一点才来，小妹妹你等他吗？”

脸颊猝不及防地发烫，低头，抬头，天边那朵火烧云笑嘻嘻地飘走了。

暮色降临，华灯初上。夜凉如水，晚风习习。这座城市原来很漂亮呢，只不过，终有一天我还是会离开的。

终于见到了，那个年轻的男店员，他们真的很像，一样精致的五官，一样的迷蒙。只不过，他没有从落林冰凉的气质。

“小妹妹，你很喜欢露露啊？”笑起来时一样的明媚。

“喏……”犹豫了半天，终于发出抗议，“别叫我小妹妹，人家有名字的，我叫辛小乐。”

“辛小乐，辛小乐，拥有简单的快乐。”

之后再去时，他就管我叫小乐了，“小乐，又喝露露吗？”

而从落林呢，他习惯叫我辛小乐，从不为了亲昵去掉姓氏。

“辛小乐。”

我转过身，十米之遥，那个少年背着吉他，目光炯炯地注视着我。

脸颊又不可遏制地烫起来，暗暗庆幸是在夜色笼罩下，谁也看不见。

“落林……你怎么在这儿？”

“等几个朋友，你呢？”随即眯起眼睛，“呵呵，又喝露露呐。”

我抬起头，路灯下，他的笑容那么温暖，与夜的冰凉融为一体，散发着柔和的光芒，可能……星星见了也会失眠吧。

心底微微地懊悔，刚才脸红手乱，待在原地的样子一定傻到家了。

后来才知道从落林和朋友组建了一个乐队，每天深夜去酒吧唱歌，“他们好帅啊。”提起他们，陈茹的眼底盛满了骄傲。我手里拿着从落林给的露露颠来倒去，笑着回应，“什么时候带我去现场观光一下吧。”

始终没有去看过演出，只是偶尔路过那个酒吧时，总会停下来仰望一番，然后微笑着离开。

后来他们的乐队解散，想去看也再没有可能。

从落林送的两瓶露露，瓶口被我用刀凿空，系上彩线悬在窗口，风一吹便丁零零地唱，好听极了。

倒霉的是右手被刀片狠狠划了一道口子，写出来的字歪歪扭扭，幼稚如孩童的笔迹。

我不是小孩子了，我这么认为。

我再也不会像小时候那样一受伤就流泪了。

吉他调弦时，我总是喜欢玩“共振”，拨动一根琴弦，相邻的另一根琴弦也许会振动，也许不会，取决于音高是否相近。我想，即使我和从落林的音高天差地别，也会因为他的振动而振动吧。

谁动了谁的琴弦，谁动了谁的眼泪，当心事隐藏，一切沉痛，皆成喑哑之伤。

5

又是夏天，一季的轮回。

我拼命一样做好多好多习题，已经很少需要从落林帮我讲解。他在省级重点高中读书，课业繁重，渐渐不再弹吉他了。我曾问他想考哪所大学。他摇摇头，“不知道哦。”

妈妈告诉我，她的工作又要往上调动了，我们又要搬家了。我也不知道自己什么时候可以安定下来，和喜欢的人永远在一起。

拜神的时候，家里连续几天弥漫着浓郁的檀香气，我喜欢的味道，能令人顷刻间陷入美好的回忆，我喜欢的回忆。

而陈茹和从落林，都将成为我回忆的某一页了。

妈妈跪在香炉前双手合十，虔诚地闭上眼睛，“保佑我们全家平平安安……”很难想象妈妈这样的女强人也会迷信这种东西，不过，妈妈也不会想到，她的一向乖巧的女儿居然也会玩早恋吧……

我闭上眼睛，心底默念，“祝你们幸福！”

烧“可丝”的时候，跳跃的火苗照在我脸上，有点儿烫。随之焚毁的，还有过去一年的所有回忆。

可丝，只可思。

6

离开的前一天，我去和好多人告别。琴行的老师送给我一枚漂亮的妖蛾色拨片，间或的裂痕，玲珑剔透，我想起了从落林妖蛾色的瞳仁，冰凉直抵人心。

我们没有见最后一面，听说，他去北京参加“艺考”了。

我把那个露露风铃送给便利店的大哥哥，他不停地说“谢谢”，开心地笑着，并不知道我要走了。

我喜欢他风铃般清亮的笑容。

同学们纷纷给我留照片，我看着相册里一张张微笑的脸，最明亮的那张，是从落林喂陈茹奶油蛋糕时，我为他们拍的。

陈茹紧紧抱着我，哭得肩膀耸动。良久，她擦擦眼睛，嘱咐我到了那边记得给她写信。

坐在火车上，我一直回想着临别时她和我说的话。

她说，你知道吗？落林他喜欢你。

前几天我拿他的笔记本电脑玩儿，无意间打开一个秘密文档，是他的日记，写的都是你，都是辛小乐。

其实我一开始就察觉了的，他对别人都冷冰冰的，唯独对你很体贴。自从你们认识后，他微笑的次数明显比以前多得多。还有，他的电脑桌面上是你的照片，照片上你穿着那个“Thank you”衬衫，很漂亮呢。

我呆立半晌，缓缓追问道：你怎么可以偷看人家日记啊？

没关系啦，他是我哥，哥哥不会责怪妹妹的。

你们……你们是兄妹？

嗯啊。我没告诉过你吗？他是我二姨妈的儿子，我爸爸妈妈在外地工作，托他照顾我……

后来的话我都记不清了，感觉像抱着吉他站在空落落的舞台上，弹奏完最后一个音符，弦断，曲终人散，心底悬空一般地难过。

然后又能怎么样呢？

火车驶进隧道，黑暗中，我拿出手机按亮屏幕，发了一条短信，“谢谢你一直为我讲题。”

谢谢你教会我不再自卑，教会我爱。

谢谢，我们，不言爱。

十年一刻

童　戈

十年前，我还是个一定要嗅着爷爷的衣领才能睡着的小屁孩儿。那时候还很认真地担心："我以后嫁人了怎么办？"再后来，我去了寄宿学校，渐渐习惯每天夜里自己给自己掖好被子，在窄窄的木板床上蜷成一团，对着花白的墙壁沉沉睡去。

十年，也长得足够我改掉这个曾经以为会跟我一辈子的习惯了。

忽然发现我也是可以用"十年"这个字眼儿的人了。从前，在我心里"十年"这个词总有种讲述一个故事般的神秘和厚重。

这天，我夹着被子推开爷爷奶奶的房门。房里关了灯，只有电视机在闪着各种各样的光。

"你怎么来啦？"

昏暗的灯光里，我看不清楚他们的表情。但我听得出爷爷有点儿诧异，却抑不住惊喜的声音。

我很想像小时候那样赤着脚跑上床钻进他们的被窝，亲爷爷一下，亲奶奶一下，告诉他们："我想你们了呗。"可是我站在原地张了张嘴，脑子里闪过许多句张开就要说出来的话，又一句一句憋回去，最后说了句："没怎么。"

爷爷呵呵地笑着，起身披上大衣去饭厅搬来两张椅子，还像小时候那样把椅背靠着床沿，还怕我摔下去似的。奶奶帮我盖好被子，把被子的侧沿一点点塞在身下，又盖上一层毛毯把我裹得严严的。我躺在被窝里，下巴抵着被子，拼命不让声音颤抖。我说："你们还当我是小孩子啊。"

爷爷笑笑说："你哪里不是小孩子了。"

原来，人老了声音也会变。听爷爷的声音，好像已经走遍了千山万水一样沧桑，我的心里又塌了一块。

我总是在半夜冻醒，可是那天晚上我睡得特别踏实。还梦见小时候那个自己，口出狂言地拍着胸脯说"我以后要赚大钱给爷爷奶奶发养老金，每人八千！一个月八千噢！"我到现在还记得爷爷奶奶当时好笑又欣喜的表情。

没错，我要赚大钱，给爷爷买奔驰配司机，给奶奶买几千块一瓶的保养品。还把他们接过来和我一起住，还带他们到处旅游，吃世界各地最好的美食，管它庸不庸俗，肤不肤浅。这是我唯一可以想到的事情。

十年，我已经开始看着小时候相片上那个傻里傻气的自己发笑，爷爷奶奶也已经不是十年前的爷爷奶奶了。我一直以为他们是不会老的。在我心里，我的爷爷是世界上最高大帅气的爷爷，我的奶奶是这个世界上最年轻美丽的奶奶。好久好久之后，我忽然发现原来"被岁月压弯了腰"这个形容一点儿都不虚伪。他们脸上的斑块和皱纹让我很想移开眼睛却又忍不住死死地盯着看。我的爷爷奶奶也老了，原来他们也会老的。

忽然想起来现在我睡觉的时候也喜欢用被子堵在嘴那里，也许就是小时候喜欢嗅着衣领睡觉的习惯还改不掉的缘故吧。原来，小时候的习惯还像尾巴一样跟着我。

怎么忽然多了这么多个原来。

有时候，在公交车上看着一位老人独自上车，旧汗衫里佝偻的身体在微微颤抖，一双苍老泛白的手抓着扶栏在行驶的车里一踉一跄挪到座位上。我知道我的爷爷奶奶有一天也会这样走在时光的后头，最后老得走路也走不动，说话也说不清楚。

我请求时间走得慢一点儿，再慢一点儿。有时候觉得十年像一刻那么短，有时候却又打从心里希望一刻要像十年那么长。

感 谢 上 帝

徽溺水殇

赫乔：一个开始在海边长起来的核桃，自恋地说就是个没事老爱换马甲产量极高还庆幸有人爱的博览老人。

徽溺水殇：一个在博览舞台上蹂躏读者心肺三年的重口味老女人，但依然虔诚地觉得自己是一朵聒噪的向日葵。

巨蟹遇射手，火星撞地球

当恋家的巨蟹女遇上自由无上的射手女，火星撞地球，于是天际一道白光，我优雅地被缘分撞了一下腰。

我翻看着星座书，充满伟大母性情怀的巨蟹座貌似跟向往自由旁若无人的射手座没有什么交集的可能，但是笃信星座的我们，竟然还是不约而同地产生了“誓死要在对方世界狠插一脚，留下空地造福后代”的邪恶想法。

那时候，我们还是单纯得一塌糊涂的高三党，猥琐的重口味情调的狐狸尾巴还未有一丝的显露，但却带着同样高昂的斗志憧憬着厦门大学的天光，暗无天日的高三，彼此络绎不绝的空间留言，就像是一轮小小的太阳，散发着所有正能量的光辉。

高考呼啸而过，我们很默契地都与自己心仪已久的厦门大学失之交臂，带着令人无法屏息的巨大遗憾，我们彼此取暖。那一年，我们纷纷上了博览的“红人馆”，当了回不折不扣的访谈嘉宾，我对她叫嚣着说自己是一朵很聒噪的向日葵，她喃喃自语道，向日葵这玩意儿，大爷喜欢。言辞中带着东北女生的豪迈跟霸气，我迅速被她大爷般的气质雷得外焦里嫩，就差头上插个天线防止雷击了。

“哎哎，小赫赫，贴吧上怎么那么多孩子说爱你啊，都没人说喜欢我。”我怀着忐忑地心情向某赫抱怨最近江郎才尽，即将被后浪拍死在沙滩上。

某人非但没有安慰的迹象，先是一句“最近灵感爆棚，怀才就像怀孕，肚子大了就是瞒不住啊。”然后猥琐地来一句：“妞，没事，来放松放松，小爷陪你看雪看星星看月亮，从诗词歌赋到人生哲学。”

写到这里，众亲应该晓得徵溺水殇那些靡靡之音的小说灵感缘何而来吧，都是赫乔君看雪看月亮，从诗词歌赋到人生哲学的结果啊。（特别鸣谢琼瑶阿姨提供台词支持）

重口青年欢乐多

很多时候，我都有股冲动，想把赫乔同志的脑门拆了，看看里面装了些什么神经大条的东西，看书口味重就算了，写小博的文字还可以装得那么纯情，哄骗无知少男少女的眼泪无数。同为重口味女青年，我明显弱爆了，一写文就想把重口味搬上台面，偶尔小清新一把，差点儿被自己憋出内伤。

某人很恬不知耻地给自己的相册命名“欲壑难填”，口味之重令人发指，而我则是连一句“山雨欲来风满楼”这样曼妙的诗词都能嗅出别样的意味。所有看博览的孩子们，你们要知道，我们佯装清新的文字在博览上倚老卖老是件多么可耻跟不易的事情。

某日刚想调戏赫乔君聊表思念，赫乔君的头像就迫不及待地跳动：“今日被人逼问咱俩的特殊关系。”

“嗯，除了好基友。你说什么我都大脑袋一耷拉表示赞同。”

“我从物理学的角度向他阐述了一个复杂的光学概念，人与影子的关系。高深，有没有。”

某徵微抚胸口，在读者面前，赫乔君总能恰到好处地掩盖自己深入骨髓的猥琐气质，变身清新小萝莉，不过我愿意定义我们的关系是人与影子的关系，那么像，那么像。

一流大学里的鸟语专业

我一直以文艺青年自居，赫乔一直觉得自己学的是鸟语，其实我们都是一流大学里二流鸟语专业的文艺青年，偶尔戴着黑框眼镜，留着可耻的中分，对着苏打绿的海报吱吱地流口水。

我记得某乔因为买早了高铁票而错过了苏打绿的南京演唱会，遗憾的感觉不言而喻。2011年，我遇见了我们都爱了很久的吴青峰，我触摸到了来自吴青峰真实的温度，对着他说了躲在心里几年的话，我想要第一个分享的人，没有例外的是赫乔君。

没错，我们都是穷学生，看一场苏打绿的演唱会，总是要饿几个晚上的肚子，但是伪文艺青年对于文艺的追求早已经演变成了一种信仰，深入骨髓。

“我想要的生活，不过是，某个温暖的午后，我拉开自己的房门，去敲对面你家的房门，喊你去看遍苏打绿的所有演唱会，然后一起矫情慨叹曾经相遇的岁月，继续着码字民工的苦逼生活，幸福地做着我们都挚爱的伪文艺青年。”

写这些毫无头绪的文字，来感激上帝让我们如此相似，就像你说的，总有什么类似相遇跟缘分的东西会把我们命运的齿轮紧紧相连直至啮合。

绝密Google少年计划

洪夜宸

2013年1月　冬　街道

潮湿的雪蜿蜒成河落在地面上。

漫天飘飞的大雪中有一个猫腰弓背的少女，努力使自己步履轻盈却无奈地拖着厚重的雪地鞋。艰难行走的少女是我，至于我旁边那个刚从厦门回来，背着和她形影不离的单反，嘴唇涂得可以把万圣节女鬼吓跑的神经病呢？可以自动忽略。

“哎哟喂！”神经病第六次被自己七厘米长的火红高跟鞋绊倒，哀号一声，四仰八叉地扎进厚厚的雪堆里，高高翘起她鲜艳的红高跟对我呼救。

我不得不认栽地朝她伸出自己在寒风中冻得发紫的芊芊玉手，天知道此刻我只希望做深深寺院里的小和尚，静静坐禅也好过这般羞涩地捂住脸默念一百遍“我不认识你”。

“矮油，宸宸呐，你口中的那个美少年到底在哪里？”刚栽完跟头还未来得及以狼狈姿态爬起的Lucy，第N的N次方问我这个幼稚到难以回答的问题。

被她步步紧逼的我终于无奈地两手一摊，诚实地回答，“我不知道啊。”

“你说什么？你不知道？”我始料未及地受着她形同和面地摇晃，还没站稳就迎来了几百分贝的河东狮吼，“你不知道就把老娘从深闺里喊出来，让本来可以吃着烤山芋吹着热腾腾的风的我在这里陪你干喝西北风？”

被路人看怪兽般的频频侧目，盯得不自在的我细声细气地对她说，“注意淑女形象。”

Lucy立刻收起吃人的目光，忍住了仰天长啸四脚朝天的冲动，暗藏汹涌杀机地凑到我耳边恶狠狠地说，“不要告诉我你根本不知道他是谁，更不要告诉我他是你臆想出来的人物！”我抠抠耳朵，有些不好意思地说，“你怎么全都知道？”

十五分钟后，Lucy终于再次爆发了她的小宇宙，“你家少年是长在地洞里的蛇精还是在树上乱扑腾的乌鸦？齐宸你知不知道你现在顾盼生姿的样子简直像只乌骨鸡！”她将单反扔给我，毫不留情地转头，踩着硕大的红高跟更年期一样大步离去，留我独自在寒风轻柔的爱抚中瑟瑟发抖……

咳，不要阻挠我。嘘，我在执行一项绝密的Google少年计划。没错，我在Google，Google一个拥有花一般容颜的少年，少年正在缤纷的雪花中赤着足缓缓朝我走来，少年头顶有一个可以勾勒他绝美轮廓的鸭舌帽，脖上绕着几圈红棕色的细线编织的围巾，他有一双在寒风中不用戴手套仍旧白皙修长的双手，还有一头绵羊卷曲的乌发，被吹得冰冷的修长手指熠熠发光……

2013年3月　初春　郊区

阳春三月，万物复苏的季节，芳花在缠绵细语的风声中被唤醒。

如果在樱花乱飞的季节，你看见一个穿着碎花裙跑得很没形象的小女生手中乱抖的相机猥琐地闪着不和谐的光亮，千万不要惊讶，那是

Me啦！当然，我时不时也会在四季海棠、竹节海棠和吊钟海棠中大步跳跃着，摇晃着脑袋，单手乱摆，迎接路人的目瞪口呆。

嘘，我在执行一项绝密的Google少年计划。我在Google，Google一个背靠在樱花树下拥有天使般温暖笑颜的少年。少年偏过头来望着我，少年发如黑玉，宛若精致美瓷，眉心处跌落的粉红印着柔和，在轻柔飘落的花瓣中，轻轻勾起的薄唇里满是不羁，嘴角划过一汪泉水般的温柔。

2013年8月　盛夏　马路边

炎炎夏日，热火朝天。

“你说的那个少年到底在哪里呀？”Cathy很没形象地弯腰在大马路边望着呼啸而过的巴士，小手不住地乱晃，像个刚被打入冷宫的妃子，满身怨气地直瞪着我，“热死了！热死了！”

尽管我的头上还在流着汗水，但还是被她犀利得像要将我千刀万剐的眼神直视得打了个寒战。

我不顾形象地拽了拽被汗浸透黏在脖颈上的衣襟，胡乱在脸上抹了一把比大雨还倾盆的热汗，“别急别急，就快来了，还有几分钟！”吸取了上次针对Lucy的失败教训，机智地安抚道。

在Cathy的百般追问下，我不得不clever地果断胡诌了“程羽凡”这个不仅小清新还很文艺的名字。最重要的是，一听就帅得惨绝人寰。我满意地笑，我真是cleverer and cleverer啦！

Cathy果然两眼冒光，毫无怨言地陪我在大马路边顶着炎炎烈日、在“还有几分钟”的鼓吹下，汗流浃背地吹了14400秒的热风。

热汗就像婉转绵长的小溪，川流不息。

“我是第几个受害者！说！！”

嘘，我在执行一项绝密的Google少年计划。我在Google，Google一个白衣胜雪的少年。少年静默地坐在长廊下，低沉的嗓音好听地念着席慕蓉的诗，少年有一张让人痴醉的面容，混合着青草芬芳的无法言喻的气质，弯弯的柳眉下瞳孔的黑像化不开的浓墨。叫人移不开视线。

2013年9月　初秋

嘘，这一天还未开始。不过，我仍然在一往无前地进行着这项绝密的Google少年计划。我在Google，Google一个在午后的艳阳中，偏头靠在大大的落地窗边，忧郁地端着柠檬茶的绝美少年。当他抬头，你会看到一双灿若星辰的眸，让阳光失去芬芳。

嘘，不要劝我。任风吹雨打，我雷打不动。我会一直在原地等，我知道每个少年都会远去。

当少年的字眼儿已经不再适合这样的年龄。

我仍在Google这样一个少年。

我会带着你们的梦，用力奔跑

牧　夏

今年暑假回家的时候，哥哥笑着对我说：“我就要去大城市打工咯。”

我讶异于他的一脸振奋，“哥，你高三不读了？”

“啊。”他没有看我，一副无所谓的神情，语气里没有半分波澜，“高三就是复习，反正我成绩差，读不了大学，早点儿出来好。”

我沉默，不再说话。

我一直都知道，哥哥是想读大学的。虽然他成绩不好，但他也是差生中极力挣扎极其努力的。

我脑袋中绝大多数关于大学的期待，对大学的认知，便是他用他那讲不出任何优雅词汇的嘴巴灌输的。

他比我更向往大学，但是他告诉我，他辍学了。

爸爸望着我，叹了口气，说：“牧牧，你要好好读，不能学你哥。”

爸爸的皱纹又多了，也更深了，我心底一酸。

我不知道爸爸是怎么同意我哥辍学的。从小到大，爸爸是将所有的希望都寄托在了我们兄妹俩身上。他讲他幼时的辛酸，年少的窘迫，青春期的叛逆，更多的是，初中毕业文凭让他在社会上多么抬不起头。

在我连亲戚长辈面前还分不清是该喊叔叔还是伯伯的时候，便懂得了一个道理：读书是一条出路。至少对于落后小乡村环境下的我们，是唯一能真正在社会上混下去的方法。

这里是南方一个落后贫瘠的小乡村，我的母亲只有小学四年级的读书经历，我的父亲勉强初中毕业。知识对于我和哥哥来说，便是全部。因为爸妈说，读不好书，就只能一辈子待在最底层任人欺负；读不好书，以后会和他们一样后悔。

读不好书，就是白来了人间一次。

这些被村民讲烂了的话，我却一直记得清清楚楚，放在心尖儿上。

在这个落后的小乡村里，能读完九年义务教育的孩子并不多。能读完九年义务教育并上了高中的，已是奢侈。若是在市重点中学读书，那便是奇迹了。

然而，我便是如此幸运。我比千千万万穷人家的孩子要来得幸福。

是爸爸——那个始终坚信读书是好出路的男人，左手拎砖，右手扛锄，用粗糙的双手把我送进了市重点。

初三那年，我抵不住压力，硬是坚持要辍学。那时候，我还没哭，爸爸却哭得有些难堪，泪水就嵌在他那深深浅浅的皱纹里，明晃晃的，刺得我眼睛生疼。

我从小到现在只见过爸爸哭过两次。

第一次，我初三那年，奶奶突发心肌梗死离开人世，爸爸哭得连声音都没发出，那种逞强的样子让我不忍直视。我望着他泪流满面，也任泪水在脸上肆虐。那种感觉，就好像一座特别伟岸的山，忽然倒了，顷刻之间，没有半分预兆。而且碎得很彻底。

第二次，还是我初三那年，中考前夕。爸爸一边抹眼泪，一边对我重复："你这孩子怎么这么不听话，你就不能好好把书念完吗？能不能让人少操点儿心啊！"这一次，是因为我。

爸爸一直教育哥哥男儿有泪不轻弹，但是这个大男人，在我眼前落了两次泪。一次是对赋予他生命、含辛茹苦哺育他长大成人的母亲；另一次，是对他一意孤行执意辍学、委实不孝顺的女儿。

我跑回房间，泪如泉涌。我不知道该怎么对爸爸说，我不希望拿着我想要的录取通知书，看着他更加的身心俱疲。

后来，我还是在爸爸的坚持下参加了中考。6月22日中考结束，7月9日录取分数线公布，我记得很清楚。中考化学科目考得一塌糊涂，我与省重点中学便以十七分的差距擦肩而过，不，是连肩都没擦到。

我哭着对爸爸说："如果化学考出平时水平，至少也会多二十分出来的，可是……"

我爸却拍了拍我的肩膀，"没关系啊，这成绩爸爸倒是欣慰了。我还担心你考得太好，到时候离家里太远了，总归不方便，这样就挺好的。"

我不再哭，却也不笑。我一直觉得，我既然要考，那就要考上最好，这样爸爸在那些瞧不起我家的人面前，才能趾高气扬好好得瑟一回，把胸挺得比他们更拔，头抬得比他们还高。

但其实我错了，我早该知道爸爸并不喜欢炫耀，也不会去炫耀，他只是由衷地为我高兴，然后拼了命赚钱供我们衣食无忧。

我还记得去上高中的时候，爸爸对我说："我不是要你去读书，咱就是去练练独立能力，先让你自个儿好好学会和人接触，以后到了社会才不会那么苦。别太拼命读，该玩就好好玩。"爸爸递给我学费的时候，我又一次看到他那全黑的指甲，是再也洗不掉的黑。

多年奔波劳累，他唯一变的，是身体；唯一不变的，是对读书的支持。

我鼻子忽然酸得很。

后来，每当我独自一人，在学校感到无力沮丧，稍有放弃的念头，我便会望向家的方向，轻声告诉自己，"在那里，还有一双充满期盼的眼睛在望向这边。"

而且一定是目光灼灼。

我的背后是一座山，山支撑着我一路向前不倒下，我不后退，不回望，不放弃。

哥哥出发去广州打工的前一晚，妈妈忽然对着哥哥说了一句：“打了工就不能再回来读书的。你可不能后悔说什么要回来的话。”

“我继续读你们就嚷嚷着没钱，我不读了你们又要干啥啊！”

怒气，那是满腔的怒火。

我吓了一大跳，哥哥的声音竟有些声嘶力竭，里面满是超脱他年龄的悲怆。

哥哥是想读书的，可是家里供不起了。我终于接受了这样的事实。

其实从我回家的那天我就知道了，爸爸失业了。我找了很久的暑假工都因为年龄限制被拒绝了。这样的家庭，只剩下妈妈一人在无力地扛着，随时会倒。倒的时候，谁也没有力气可以支撑起来。

爸爸问过我：“牧牧，听人说你们高二的学费要涨了，是真的吗？”

我摇摇头，“我也不清楚。”一提到这种问题，我心里就特别不好受。我拿的是我父母的血汗钱，他们在面朝黄土背朝天地工作，而我却坐在食堂里挥霍一顿六块钱的餐饭。真是奢侈。

哥哥走的那天早上，笑得单纯质朴，只带着年少的好奇和欢快。

他说：“牧牧，你可要好好读书。哥笨，没你那么聪明，考不上什么好大学。难得家里出了这么个人才，你可要给爸长脸啊，”他忽然顿了顿，“还有，替哥完成大学这么美好的梦想啊。”

他抬头望着天，没有半分情绪地说：“大学，真的很美好。”

但我透过了镜片，依旧可以清晰地辨认出，他的眼里闪烁着一种光芒，叫向往。

是对知识的渴望。

哥哥眼里的光彩，清晰明亮，无法抑制。

“一定的。”

下午，我坐在房间角落里翻看杂志。

客厅里爸爸正和朋友谈事。

我的房间与客厅仅一墙之隔，所以纵使客厅里电视的嘈杂声再大，我也依旧分辨出了他们的对话。

“那你接下来打算怎么办？”

我听到爸爸长叹一口气，“先给孩子凑一千多块钱学费，其他的，再说吧。”

我合上杂志，泪水瞬间袭来，就好像泪腺崩溃般源源不断地外溢。

是那些尘封的悲伤在破土而出，而我无力抵挡。

我想，爸爸一定很累，累得不行，我害怕我身后的山会再次崩塌，更害怕塌了之后他不能再筑起来。

都已经这么苦了，爸爸依旧在坚持。那么，我又有什么理由不更加地坚强努力呢?

我抹掉眼泪，视线不再完全模糊，从这个角落向窗外望去，天特别特别的高远，在很远很远的地方，有很高很高的楼房，背后是更高更高的山。

“总有一天，我会走出这个地方。”我下定决心。

明日的我会依旧努力地寻找暑假工工作。

夕阳照进了房间，我不去想“近黄昏”，只愿记得它“无限好”。

1998年的夏天，阴历五月二十，在南方小镇上，有一个女婴呱呱落地。

520，我知道，这便是你们给我的，浓烈的爱。

爸爸，哥哥，我会带着你们的梦，更加用力地向前跑。我所能做的承诺，便是更加努力地学习，不负期望。

家有“悍妇”

碎 颜

折腾一个晚上的你终于在睡夫人的帮助下入梦了。即使这样，抓住我的那只手却没有松开。若是一动你便也不安分了，如同婴儿般依恋，不肯放开。我一边嗔笑你不知什么时候变得如此娇弱，一边又反抓牢你的手。月亮悄声匿在窗边偷窥，忘了收起温软的月光流衣。目光一触到它，记忆便沿衣角雀跃出来。

你最不愿意承认这出落得一般的我源于这清秀干脆的你，却也不得不悲叹我这倔性子着实随你。我发誓我真的没有把你当大情敌来对待，只是总喜欢忤逆你。被明里暗里警告了很多次不许去河里游泳，我仍然享受这种“你逮不着”的乐趣奔赴你划的禁区。终还是被你看到。你连提菜的篮子都忘了拿了，猛地冲向我。我哪能被你逮到啊！可恶，竟被你的“龙卷棍”搅得在水里待不下去，果断冲向稻田。不得不再次感叹你的身手，三下五除二就把我反扣在地，还很得意地看着我。我趁你不注意抓把稻草撒向你。这可惨了，你使出三抓二踢一咬的功夫，顶着一头夹杂稻草的头发又把我摁压在地，厉声问：服不服？我怒视且悲壮地喊：不服！你愣了一下，随即起身大笑：倔丫头！走前不忘给我屁屁一脚：还不回家！

珍珠要在逃离贝壳的禁锢下才能尽展华丽。如同爱，透过生活这重壳，才能体会它的暖意。记忆中的你总是晚睡的。我理所当然地认为这是你的责任，毕竟家务如同作业，是做不完的。只要这么想，被功课折磨得哭叫不迭的我便有点儿安慰，甚至会哼出小曲。这时就会收到你毫不客气的低声呵斥。每当身边的闺密自豪地讨论做菜的时候，我就灰溜溜地想逃离。我一点儿也不想说这么大的我连饭也不会煮，这都是拜你所赐！一和你抱怨加抗议，你一个卫生球抛过来我就蔫了：你做的菜是人吃的吗！好吧好吧，我承认我煮的菜真的很难吃了。其实我知道，你是看到我被菜刀割伤后才禁止我入厨房的。嘿，我可是很安心地享受小姐级的待遇哦！亲爱的，如果可以，我宁愿你一辈子都为我烧菜呢。

外面的风把窗子吹得直叫嚣，我不得不费十二分温柔的力挣开你手，把窗合上。你瘦了，医生说你的心脏不能受太大刺激。我笑话过你这个连鬼都惧怕三分的悍妇竟然有心脏病，你理亏地嘟囔几句后就不再抗议。轻轻地替你盖好被子，合上门的瞬间，我看到你安谧的睡脸。真讨厌，妈，看来以后我得温柔对你了呢。

我们一起笑着流泪的青春

曾看到过一句话，说当一个孩子开始学着去讲一些道理的时候，他就长大了。我想我还是无可避免地长大了，可是我不知道我是从幼虫变成了一个封闭的茧，还是从一个封闭的茧破裂成一只美丽的蝴蝶，我想也许是后者，不然不会那么痛。

那些人那些事对我来说是那么真实，那么深刻，至少他们曾经就存在在我的身边，以至于现在想想心里还是会那么难受。有时候停下来，我也会想，是不是一定得放弃点什么才能得到我们想要的？书上说青春是疯狂地向前跑然后再华丽地摔跤，只是这次好疼啊。

二笨拔牙记

二　笨

我捂着腮帮子，假装无限淡定地看着窗外。而屋内，我那彪悍的爹娘正激烈地讨论着我拔牙的具体刑场。

“去诊所，诊所便宜，技术也过硬。”老妈如是说。

“去医院，普通的小诊所你信得过吗？”老爸唱反调。

眼看这民主议题马上就要升级为阶级斗争，我急忙出来打圆场。但父系社会几千年历史的积淀还是让老爸占了上风，刑场选在老爸口中的一家“放心医院”。

半个小时轰轰烈烈地过去了，老爸把我和几张大票子扔在一家医院门口后，瞬间失去了踪影。嘁，小瞧我是吧？我自己进去就自己进去，这年头，耗子都可以给猫当伴娘了，who还怕who啊？

可刚迈进门一步，我就感觉有点儿不对劲儿——为什么这里不是挺着大肚子的就是抱着小孩子的？难道现在流行一出生就拔牙？不对呀，刚出生的娃儿好像没长牙啊？后退一步，我定定地看着门上的牌匾。

秋风扫过……

爸呀爸呀我亲爱的爸呀，你怎么就把我带到妇幼保健院来了呢？就算你姑娘我长得再年轻，也跟这帮娃娃比不了啊！我霎时想起刚刚出门时老妈送我那个哀怨的眼神：“儿呀，娘没用，保不住你，你就放心大胆地去吧！”

唉，来都来了，我哪还有空顾及这个？我垂头丧气地顺着路标一路摸进牙科，“咻”的一下打开门……嘿，老天对我不薄啊！也不知是我今天人品大爆发，还是这世界被牙困扰的人就是这么多——里里外外排队拔牙的人那叫一个声势浩大，我站定，身后又迅速窜出来三四个统一作战的兄弟。更重要的是，在这些人中，有七八岁的孩子，有十几二十几的童鞋，更有四十几到六十几的大叔大娘！在这些人中，我就是一美好的中位数！

幸福来得太突然了，以至于穿白大褂的天使大叔喊我我都没听见。于是，排在我后面那位大概有着世界上最潇洒的背影的好青年终于忍无可忍，“丫头，干吗呢？到你了！”

好吧，我知道排队溜号不是好习惯，但请不要这么直白好吗？没有我，哪有……呃，不是，不轮到我，哪能轮到你啊！

直到躺在机器上，我依旧在为自己的遭遇愤愤不平，可是……咦？传说中的牙科医生用的灯不是都很小吗？那现在照着我的这个怎么这么大啊，难道是因为我的脸太大了？

想到这里，我瞬间面如死灰。

“没事，不用这么怕，打上麻药就不疼啦。拔牙其实就那么一下，很快的。”亲爱的医生大叔显然会错了意，一边拿着比手指还粗的针筒配着药水，一边面带微笑地安慰着我。

世上果然是装好人的人多啊！我努力地张大嘴巴，心中感慨万千。

“诶，丫头，你这颗牙怎么会碎了一半？而且……”大叔把一样奇怪的东西伸进我的嘴里，原谅我没法低头看清楚。咔，我仿佛又听见我那颗小牙粉身碎骨的声音，“而且还这么脆。丫头，回去得补补营养啊，钙缺得太严重了。”大叔把我那颗破碎的小牙放在一边，我翻身起来拼命点头示意。

很抱歉，不是我不说话，只是嘴边麻得很，而且好像肿起来了。

我跑到镜子前左照右照上照下照，还好，外观看起来一切正常，没什么问题。于是，我又贼心不死地还魂了。

之后的十几分钟，我都是在这个病房里蹦蹦跳跳地度过的。这怨不得我，是医生大叔看我一个人上刑场，怕我不安分再把牙弄出血了，就强制让我待在病房里观察一段时间再放我走。

但是大叔，你真的失策了，因为我就是一个待在哪里都不会老实的主儿。一会儿原地转两圈，一会儿跑到镜子前照一照，一会儿拉着刚刚进来一脸恐惧的小妹妹支支吾吾地说："拔牙真的一点儿都不疼，不怕不怕！"

"丫头，"听大叔叫我，我兴冲冲地跑过去："琴么司？(什么事？)"，"忘了告诉你，拔完牙要闭嘴的，因为冷风进去会伤害牙龈，而且……"大叔脸上露出一种诡异的笑容，我突然有种不好的预感。"而且……而且你现在说话漏风。"

叔，我错了还不行吗？你怎么不早说呀！

人群中传来一声叹息，如此熟悉呀，只见老爸低着头，感慨，"这孩子，没救了！"

明信片里回不去的风景

森蓝一米

天色向晚的时候，大巴终于把我扔在这个陌生的小镇，然后驶远，在下个路口拐角，车尾灯渐黯了光。漫长的路途颠簸，汗湿的衣服开始沾上夜里的低温，瑟瑟发抖。心里的疲惫在喝完一口水之后冲淡。

不是愉悦，不是欣喜，只是平静地走入了这个小镇的怀抱。心里怀揣着两个人的契约，尽管路灯下，唯有我一个人的影子在。

找出事先预约旅馆的号码，拨了过去。得知今晚乃至接下来几天住宿的地方在下一条街，照着电话那头的指示，一步一步摸索着走过去。行李箱发出的声响在这个宁静的小镇显得空旷而突兀，引得路旁屋子里的狗轻吠了几声。

找到了那间旅馆，坐落在一片花丛里，站在门边也能嗅到扑鼻而来的花香。老板是一个清瘦的中年男子，拉开门扉，帮忙分担行李，招呼我进去，动作稳健有力，让人感觉踏实。上楼梯的时候，他说，这是他家，稍微装潢了一下，便当作旅馆接待四面八方前来的客人。说话间的轻描淡写，如同这个小镇的从容自在一样，让人倍感亲和。仔细看墙壁的华丽挂画，简约大方的地砖，小而精致的房间，还是可以感觉到必下了一番心思，这个谦逊的男子叫老林，土生土长的当地人，吃晚饭的时候，他拘谨笑着告诉我的。

接下来几天，有什么打算。他问我。

到处走走，把购物清单里的东西买全，寄几张明信片，大概就这样。我趁夹菜的空隙回答他。

他已经吃过了，热了一些饭菜留给我。沉默间，他拿出一包烟，抽出一支点了起来，然后抽出另一支递给我，我摇摇头，不好这口，我说。

这个时候来，几乎是没什么人的，淡季，你看，就你房间灯亮着，这样也好——难得清闲，旅游旺季来的时候，那叫一个忙死人呐。他说话的时候，烟雾缭绕，眼神不再看我。

既然这样，那明天能带我周围逛逛买点东西吗，一来我地不熟，二来怕被坑，有你在可以放心点。我放下筷子，从裤带里拿出购物清单递给他。

他打开，眯着眼看起来。哦，没问题，东西附近都有得卖，不过这个，这个我就不晓得还有没有，这是两年前镇上办了个旅游节时弄的纪念品，现在不怎么见了。他用指甲在那一项下面画了印，递回给我。

是一个印章。我自言自语。

吃过饭，闲聊了一会儿，老林还在花园般的院子里寻找那只夜未归窝的小猫，我回房间睡了。

躺下的时候又拿出清单看了一眼，两年，我反复念叨。然后熄了灯。

第二天早上，老林穿了件新衣裳，兴高采烈地带我出去了，高兴的劲儿如同春游的小孩儿。老林对附近十分熟悉，转了几圈就把清单里大部分东西买到了，顺带我吃了不少当地地道的小吃，比预计少花了不少钱。 回来的路上，看见一个戏班正在搭台。老林说，镇长偶尔会请人来唱唱戏，老习惯了，晚上男女老少都会来凑热闹，明晚带你来瞧瞧。

我跟着老林走，点了点头。

第三天，我和正在浇花的老林打了声招呼，就挂起相机自己出门，今天打算出去拍照，买些明信片。小镇的风貌顺着旅游的潮流有所改造，但内在淳朴的气息依然存留。傍晚，古老的巷子里升起慢悠悠的炊烟，真让人错觉时光也可以这样悠悠然。这样惬意地过一辈子。这样的时候最适合用来怀念某个人，顺着屋顶看着晚霞，落日，看着天的方向，刹那间体会到为何一定要来这里。

晚上，老林带我去看戏。台上唱着咿咿呀呀各种调子，怪有趣，台下老人看得津津有味，孩童们围着大人们的膝盖在打闹。无际夜幕，萤火虫暂时代替万家灯火，此刻多欢乐。

戏罢，回到旅馆的院子，我拿出明信片，掏出笔开始写。老林搬来凳子摇着蒲扇坐了过来。

很多来过这里的人都喜欢这儿的明信片，上面的风景特好看。他面露喜色地说。

的确漂亮，不过再怎么漂亮，即使自己再度翻出来看，也回不去这么美的风景里了。我笑笑说。

下次再来不就行了吗？他挠挠头。显然他没听懂我的话。

对了，怎么没见你家人。我现在才想起问他这个问题。

我没有妻子，当然啦，更别说孩子了。他停下手中蒲扇，又开始抽起了烟，吐出一口烟雾，又悠悠地说，那时说好了和她一起守在这里的，我不知道为什么当时自己特别相信这块土地会慢慢富起来，但是她等不了，她说给她一年出去看看。

然后一年过了，她没有回来？我问。

老林缓慢地点了点头。他接着说，我就是舍不得离开这，在这的生活其实未必富裕，但至少安稳幸福，可以一起去看看戏，还有其他，但无论如何，我没办法让她相信这一点，所以最后她还是走了。

烟雾弥漫中，我看不清老林眼里闪烁的是什么。

对了，你呢，这种时候来，不会是无缘无故的吧。他问。

我惊叹老林的心细。一个陌生人已经向你敞开他的秘密了，何必再对自己的遮遮掩掩。

我说，我也是为了一个她。老林意味深长地笑了笑。

那时候说好了要一起来这里旅游，她翻杂志时看到相片就喜欢上这地方，还从杂志上抄下当地的纪念品介绍，说到时一定要买，还要在那写明信片寄给自己。但是由于一些事，我推迟了几天，她迫不及待先出发了，等到我处理完事情买好车票准备过去会合，却收到了她出车祸的消息。下雨天，车打滑，撞上另一辆，碎玻璃插进了太阳穴。

我哽咽说，就这样，她再也到不了这里了，明明她是可以，可以来这里，像我这样买好多好看的，吃好多好吃的，看好多好看的，而不是像现在这样，我带回去——放到她永远睡去的地方。

老林眼睛红了，没注意到手指间的烟快要燃尽，一截灰烬掉了下来。

所以无法释怀的两年过后，才鼓起勇气，终归来了这里，当是完成她的夙愿。我深深把头埋在手臂里，像小孩儿那样哭了起来。

丢掉烟蒂，老林双手捂住了脸，再缓缓张开，说，我去拿酒。

老林拿完酒回来，往杯子里倒。现在就剩那个印章没买到，我干了一杯之后像对自己说。

我没有对老林说，这是我第一次喝酒，说了扫兴，如果人生每时每刻都小心翼翼不敢尝试，活了也白活，因为不知道自己和这个世界的期限会在哪一刻到来，或许就是一场车祸，那时已经没有机会再好好享受这个世界的日出和日落，潮涨和潮退。我相信她说出发就出发的那一刻，心里比我吻她的时候要幸福。但我不妒忌，一点儿也不。

杯子交碰的声音有种让人喜欢的清脆，不知道第一道曙光冲破黑暗带来黎明时会不会也是这种声音。

我没有迎接黎明，睡到了中午。

醒来没看到老林，于是洗漱完吃早餐，开始收拾行李，准备返程。拖着行李箱往外走的时候，老林匆匆推开门进来，几步走到我面前，把东西往我手里一塞——是那个印章。

好说歹说跟镇长磨叽了半天，他才给的。我看见老林灿烂地笑着说。

谢谢，真不知道说什么好。

走吧，送你出门。他拍了拍我肩膀。我没有问老林，他打算这样等下去多久，一年，两年，十年，如果她不回来呢？我难忘老林昨晚那句醉后真言，他说——我会等。他没有说——我会再等等。所以已经没再问他时间长短的必要了，只要他愿意，他会守着这幢房子，等他的佳人推开门扉。

相互说了句保重，我便上车了。列车出发的时候，翻出了明信片。

其实何止上面的风景回不去。

一个人饮冰，零度看风景

微 晗

我喜欢的男生有了喜欢的女生。

我反复跟自己说，男生就是一棵棵大白菜，这棵吃不到，我就换一棵。然后我趴在阳台上看校园里的小情侣，男的是白菜，女生是兔子，看着看着我就扑哧一声笑了出来。

由着性子，我删短信，删QQ。删完之后，我还特得瑟地告诉他了。本来我就是想试探他一下，可是他的回复让我觉得他是真的喜欢那个女生，我没戏了。不知道为什么，那一刻传说中的第六感出现了，第六感告诉我我，以后会很幸福。虽然从目前状况来看，压根儿没有幸福的征兆。

我打电话给阿昭，我说我必须去湖南一趟，我要看他看过的风景，走他走过的路，然后才能放得下。阿昭问要不要人陪。我说不用，你帮我打点一下住宿的问题就好。阿昭说那你一个人一路小心。我特煽情地来了一句，阿昭，有你真好。阿昭说，总该让你放下不是？你看，就算没有了所谓的爱情，我还有这么好的友谊。

上火车的时候，阿昭发了一条短信——心里有座坟，葬着未亡人。我以为我放下了，可是眼泪出卖了我。

对面的女孩儿给我递了一张纸巾，幽怨地吐了句话，情字伤人。我狼狈不堪地对她解释，我那叫明恋未遂。她笑了，笑容很憔悴。后来，我知道了她的故事。她和恋人从小学一直是朋友，加上本来就互有好感，大学就在一起了。可是在一起之后，两个人却莫名地开始合不来，搞得两个人都疲惫不堪。这次是分手去的。快下车的时候，她从包包里拿出一支睫毛膏，给我画了睫毛。她说，他给我买的，可惜我从来没用过。然后把睫毛膏送给我了。我说我真希望我有魔力能收藏爱人的味道，这样恋爱过的人分手了也不会悲伤。她笑了，你不觉得开一家格子铺摆放定情信物更现实一点儿嘛。哈哈。笑声很是爽朗，我不知道是不是我无意之间的什么话打开了她的心结，但她的话真的给了我某些说不清的启示。

可能是放假的缘故，学校里人不是很多，零零散散。

不知哪里来的淘气，我拦了一个男生，跟他说了一句特别诡异的话。我说，你请我吃饭吧。他愣了三四秒，我估计他脑子里肯定翻腾着搭讪、神经病之类的词汇。但是最后他还是很木讷地点了一下头。他说你不是我们学校的吧。我说嗯，我本来想看一个人来的，可是我现在又不想见他了，我想丢掉一些和他有关的东西。男生问我是不是女生分手之后都怀着恨，急不可待地抹去回忆，撇清关系，恨不得对方死去才好。我思忖了一会儿，我只是想放下来而已。然后他就不理我了。吃完饭从食堂出来，他送我到桃子湖，走的时候，他突然回头跟我说，虽然我不知道你要丢什么东西，但是你最好不要丢，否则很难说你十分钟之后会不会跳下去。我看了一眼湖水，倒抽了一口气。走了几步，他又回过头，他说，得不到的永远在骚动。你可能没有你想象得那么脆弱，东西留着做一个纪念也好。我笑，哈哈，你也是一个有故事的人。男生也跟着笑了。

我在湖边走了一会儿，又溜往别的地方去了。阿昭打电话来说已经给我电话订好了房间，到了之后我，才发现那家青旅环境还不错。

我去的时候屋里已经来了一个姑娘，化着很精致的妆。对于一个行者来说，素颜朝天不才是最好吗。我觉得有些奇怪。她看着我，你的睫毛刷得很好。后来不知道怎么又扯到我来的目的，她笑着说如果你喜欢的男生现在能看见你这么漂亮的眼睛就好了，就算不能在一起也不要给对方增添精神的负担。顿了顿，你的眼睛告诉我，虽然你有些疲惫，可是你的心灵很健康。然后我想起我之前得瑟地告诉他我删他联系方式的事儿，顿时有种罪恶感。早晨起来的时候，那姑娘已经不见了，她给我留了一张便笺："以后你会怀念这场旅行的，还有这么纯粹的喜欢。"

离开之前，我买了一杯沙冰，老板娘不安地向我确认了好几次。她说会感冒的哦。我说没关系。

从未与你饮过冰，零度天气看风景。但是我可以一个人饮冰，一个人看风景。世上好人这么多，所以即使没有你，我也可以活得很好。希望你也能活得很好。

此处地震中

LING

晚自习是被我称为噩梦的化学课，刚被点名背出氧化铜与碳反应的化学式，就听到楼上桌椅碰撞的声音，几个一年级学弟如离弦之箭射向操场，搞什么？他们可在四楼！地震再次光临一中，反应机敏的化学老师不见了，班主任在疏导学生，灯光刺眼，我揉了揉眼睛，小地震而已，怕什么。

平常不出声的喇叭此刻提高几个Key，“还在教学楼里的学生老师尽快撤离到操场！”刺耳的声音震得耳膜发痛，不得不承认，校方反应好快。

“你怎么才出来？”冷风吹醒了被习题折磨的大脑，刚找到队伍就被闺密劈头盖脸一顿责问。

“哎呀！不会有事的，大惊小怪！”手搭上她的肩双腿交叉带了点痞气，嘴角弯弯正对她鄙视的眼神，“就你未卜先知，万一有事后悔就晚了你这个笨蛋！”

未化的雪对着没来得及熄灭的灯光，亮晶晶的。我站直身体牵出一个大大的微笑算是谢了她的关心。有人关心，真好。

像她说的，谁都不知道下一秒发生什么，在灾难面前，关心安慰是种力量，牵挂担忧也是种力量，它帮你暖心。抬头看夜空，墨色印染过的，没有月亮，启明星在闪耀。

趁校领导还在讲话的时候，我们冲进教学楼收拾东西，心里盘算着会放几天假，原定下周的考试是不是又要延后。清理讲台的时候看见老师的手套一并拿了，迅速撤离现场。老师清点好人数后，学校的电动门缓缓打开，虽然距离很远，我依然能看清守在门外的家长的急切眼神，这世界爱情能假、信任能假、钱能假，但我现在看到的，假不了。

门口的灯光很暖很柔和，流畅地落下来，勾勒一个个人影，一个个牵手离去的母女父子。

回家的路上，我的手指紧扣老妈的臂弯，传来清晰的热量。马路上的车滞在路口，喧闹焦急的声浪冲击耳膜，之于我们，牵挂的人都安好就好。当然，此刻可能谁思念的人正从我身旁擦过，只是我不知道。

翌日清晨，窗外晨光朦胧，躺在挡着窗帘的小黑屋里的我还在安详地沉睡，一阵清晰的晃动传来，心跳加速，又是地震！那一瞬，从睡梦中醒来预感天塌地陷的窒息感，就仿佛灵魂到天上游荡了一圈又回来，摸了摸胸口，还有心跳，我没死。

“妈，是不地震了？”

老妈拽了拽被子“嗯”了一声接着睡，呃……到底有没有听见我说什么啊？我一脸郁闷躺回床上，望着天花板。我想，如果有一天我被埋在废墟里了，肯定是因为我有一个如神般淡定的老妈和对地震超级免疫不相信天塌的老师，她们在努力培养我不愠不火处变不惊的性格。

晚些上网看了震级，5.8级……

医生老爸已经在知道震级后收拾东西打算赶往地震中心，走之前对我千叮咛万嘱咐，“女儿啊，感觉到地震就跑，别管家里的东西，别只顾着玩电脑，机灵点听着没，手机开着，有事给我打电话啊……”此处省略好多字。临走前深深地瞅了我一眼，满满的都是不放心，清晰地传达出一个讯息——我是一个啥也不懂的傻姑娘。我拿出招牌式微笑替爸爸开门把他推出门外，跟他说，“放心，还有我妈呢……”可是心里却暗自思忖那神级淡定的老妈，会不会在地震的时候不慌不忙“化个妆先”……

登上QQ点开会话窗口，告诉那个不相信天塌的老师提高警惕，她一一应着。我猛然发现身为学生的我在教老师逃生，而我也丝毫没有意识到我的逃生技巧其实是她教的。最后事态发展到她指责我“就知道上网只顾着贪玩，不知道好好学习”，最后的结果是我乖乖地写了一个上午的作业。

哦，天，真的地震了吗？

算了，说多了都是泪。

我们一起笑着流泪的青春

戎晓红

曾看到过一句话，说当一个孩子开始学着去讲一些道理的时候，他就长大了。我想我还是无可避免地长大了，可是我不知道我是从幼虫变成了一个封闭的茧，还是从一个封闭的茧破裂成一只美丽的蝴蝶，我想也许是后者，不然不会那么痛。

一直都知道自己不是个乖孩子，所以连笑声都很张扬，尽管别人总是说女孩子要矜持一点儿，可我仍会在下课时约男生一起去上厕所，看到两个男生在打架可以跑过去抓住其中一个说："你在这里碰我的人是什么意思？"然后冲那个人一顿狠打，等他反应过来，我已经消失在他视线之外了。

那个时候的自己在考试前总要把能整的人整一遍，然后从第一组跑到第五组抓着程荣杰正在复习的资料往地上扔，还振振有词地说："现在学习有用的话高三那些想不开跳楼的人不冤枉死了吗？学习是靠平时积累的。"每次没说完都会被他赶走。可是他不知道为什么考试前我都会去找他，是因为和他在一起我总是不会紧张。

林浩键那个胖胖的被我怎么欺负都不会生气的男生，还记得那时候小不懂事，让他给我补地理，一下子从七十多分补到五十多分。我知道他也不容易，我问的问题他都能很神奇地答上。就像我问山西省为什么被称为"煤海"，他说："因为那里没有海。"和他读同一个班真的好幸福，每次考试他都会不择手段，心狠手辣地想尽一切办法考最后一名，至少能让你幼小的心灵不受到最大的伤害。其实是因为他读的是私立学校，自己做校长，每天只上半天课，有时候连续几天都不见他的人。而且就算在学校，大半都是上课时他睡了，下课时他醒了。记得期末时做的英语阅读有一篇是关于睡觉可以减肥的，当大家都在争议是否有效时，全部人的目光都投向他，看着他的口水在课本上飞流直下三千尺，大家什么都没说，我知道在他那里我们都得到了答案。

喜欢那个和自己一样的女生，他们都叫她小回。和小回在一起真的很开心，明明自己不是保守派的，可和她只要看到我们班男生和女生在一起就会说你们要幸福噢，就算我不幸福你们也要幸福。和她一起笑着，疯着。小回，你要好好加油，我有一直一直看着你。

黄晓通，我一直记得那个晚上，夜黑风高，风雨交加，电闪雷鸣。我们一大帮人在上晚自习时忽然停电了，原本和林映丹在一起玩的他趁乱欺负她。没想到林映丹大声喊，黄晓通你坏欺负人家时，我们哄堂大笑。黄晓通人真的很好，每次我想找人陪的时候他都会出现。

王达键是我见过最搞笑的人，我和他坐在一起的时间虽然很短，可是很开心。习惯了他每次看到我和他同桌说话时都说，你们在乱搞什么，记得你们是不被允许的噢。然后很开心很开心地一起笑。记得那天晚自习听到他说他数学只要考七十分就够了。我马上开口骂他胸无大志，然后让他晚上回宿舍时拿支笔在胸口上画一颗痣，下次数学肯定考得很好。当我忍不住笑晕时，他很认真地提起衣服看了自己的身体，说有一颗很小的要不要看？我还记得那天我是怎么笑着回家的，现在我有看到他开始在学很多东西。

代并强不知道是什么时候和他熟悉到可以拉着他的衣服说今天穿得好性感，每次看到他我都会开心地对他拳脚相加，可是他从来不还手，只是偶尔打疼了会说不要打了很疼。他是个很有绅士风度的人。希望他家庭生活幸福。

记得那天上心理课，老师让我们看剖腹产。那个时候，看得我眼泪都快流出来了。可是老师问看完孕妇承受着精神和肉体上的痛苦后有什么感受时，林育润说精神上会痛苦吗？老师又反问精神上不会痛苦吗？料他怎么也想不到林育润会说我怎么知道我又没生过。当老师又问看完后有什么感受时，他一个男生大喊，打死我也不生。我不记得当时眼泪是怎样回去然后整个人都笑趴下了。后来快期末考了没心情学习的我们每天吵着让老师给我们看电影，后来被班主任知道，大家就说是林育润说的。虽然有点儿对不起他，不过那就当作他的报应好了，谁让他那么没良心。

林仕婷和高伊珊是我从小到大的好朋友，我们的故事怎么说也说不完。我希望很久很久以后别人还可以看到我们三个人一直在一起。

我们的故事还没有来得及演完，匆匆忙忙分了班，接下来是各自为了自己大学梦忙碌的身影。那些人那些事对我来说是那么真实，那么深刻，至少他们曾经就存在我的身边，以至于现在想想心里还是会那么难受。有时候停下来我也会想，是不是一定得放弃点什么才能得到我们所想要的？书上说青春是疯狂地向前跑然后再华丽地摔跤，只是这次好疼啊。

初三终会过去

蓝 岛

22：03，眨眨双眼，眼皮轻了点儿。

把头栽在生物练习本覆盖着的小博上面，右手边是一堆课本、试卷、字帖、教材解析。每次看着它们，我就想到初三，那段冠以兵荒马乱之名的时光。

不过是几个月前的事情。同样面对大堆大堆的习题，竟是那样焦头烂额不成样子。看着墙上贴着的中考倒计时八十九天的便利贴，心头涌现四个大字：大限将至。说好了要在寒假把初一初二落下的补上来，怎么又稀里糊涂地玩过去了呢？现在好了，一百天都不到，前面的坑还没填平，后面又是一个接着一个的坑。这条路要多难走啊。怨谁呢，怨自己，活该！

从柜子里拿出便利贴，写上“别让今天的事情耽误了明天的时间。”撕下后贴在墙上。这是第七张了。上一张写的是别人的一句话。我家的房子是二手的，买了十多年。

有一天，我写题写烦了就停下来，好奇心驱使我去翻角落的柜子，结果柜子里有好多书，已经变得泛黄而且被蛀虫蛀出了一个个小洞，其中一本书里夹了一张纸，大概是小学三四年级的英语听写，看到日期我就沸腾了，1978年9月21日！天呐！它的主人现在已经有孙子了吧。如果被他看到会激动成什么样。我又翻了翻书，发现第一页留白的地方有清秀的字体，写着“努力是胜利的曙光”。我坐在地上想，多少年前，住在这个房间里的谁，是怎样地奋斗过。

许久，我拿出便利贴写上那句话，把它贴在我学习桌前的墙上。我朝着那张便利贴笑，然后拍拍自己的脸，喝了一口冷水继续挑笔作战。

有人说，你不可能叫醒一个装睡的人。同样，你也不可能改变一个不想改变的人。但只要想改变，那些不可能就会瞬间化为须臾。一模我的政治考了五十八分，把平均分拖到七十九。我下定决心狂攻政治。之后的两个星期里，我每天手不释政治书，着了魔似的背基本国情、“三个代表”的重要思想、以人为本、可持续发展……然后我从容地踏上了二模的战场，以八十五分完美逆袭，夺下班里政治第一名。一切皆有可能，李宁的广告词一遍遍在我耳边回荡。月考数学前天晚上，我开夜车赶到一点，扫光所有二次函数的练习题，第二天轻松拿下最后两题的十四分。那时候感觉自己特别牛，自己像一个武者，有足够的意念，修炼到满格的时候爆发，大BOSS小BOSS通通给我挂掉，哈哈！

6月19日晚上，我背历史背到昏昏欲睡前记住了“我国火药的发明与古代炼丹术有密切联系”，然后我就看见了一个一身白衣，白头发白胡子的老头子腾着云向我飞来。他让我站在他的云上，我感觉自己轻飘飘地飞起来了。我们在云海中穿行，地下的景物飞快地后退，我却感觉站得很稳。也不知道过了多久，我们飞了多远，很自然地眩晕就停下来了。

我身着一身校服，站在中考考场外面。我走进去，不紧张，不迷惑。考场里安静得可以听见墙上时钟滴滴答答的声音。之前想象的紧张与不安毫不存在。然后中考开始。

22：50，我站起来喝了杯水。现在的我，高一，在我喜欢的高中读书，每一天都过得比初三忙，但我很快乐。

曾经中考对我来说也是那样可怕的字眼，可现在感觉那不过是初三数不完的考试中的一场而已。

真的，考完就一如既往的云淡风轻。

灵　蛇

笛　尔

1

太婆下葬的时候我没有去。

无论后来我怎样想，都想不起太婆去世时，八岁的我是因为什么特别的事情才耽误了太婆的葬礼，但心里却清清楚楚地记得，当时全家人都去了——就差我一个人。

八十八岁的太婆是饿死的。并非外公外婆虐待她，在她去世前两年，她从山上意外摔下来，摔成了半身不遂，之后的吃喝拉撒就一直靠儿子儿媳服侍。太婆好强，虽说外公外婆并未有过怨言，但她总归是不愿事事麻烦他们。有一次外公外婆不在，她挣扎着起来要自己去厕所，却从床上重重地摔了下来，摔成了全身瘫痪。瘫痪后的太婆索性闹起了绝食，到她死去前都倔强地不肯进食，喂到她嘴里的也会被她吐出来。

太婆就以这样一种固执的方式死去了。

2

小学时，每到暑假我都会回到大山里的外婆家消暑。在我儿时为数不多的印象中，太婆是个很硬朗的人。身子骨硬朗，人也是。

八十岁的太婆并不像其他的老人一样安分地在家里坐着，总是拄着拐杖往山里跑。我小时候总觉得大山就是一座掘也掘不尽的天然大宝库，总有数不尽的野果、草药、化石和各种各样的鱼虫鸟兽。在山里是饿不着的，满地可见的有酸甜可酿酒的刺梨、颜色浓郁的桑葚、清脆可口的刺藤、田埂边上的野地瓜和蛇莓，还有八月时能在丛生的枝丫中找到的熟透的八月瓜……但我最喜欢的要数端午时节的龙船莓，这小小的橙红色的果子长得和桑葚有几分相似，一口咬下去，略带粗糙质感的籽和甜嫩的果肉一起刺激味蕾，实在是人生一大快事。只可惜龙船莓结果子的时间很短，龙船莓的树又相对少见一些。所以每次吃得并不十分尽兴。

太婆总是在早晨吃过早饭后，就优哉地晃上山，直到晌午时分才回来。她总是小心翼翼地从她交衽的宽大袍子的衣兜里，掏出一大包用好几片巴掌大的树叶认认真真包着的东西，摊在手上，又用拿拐杖的另一只手，颤巍巍地小心打开——里面是一大包新鲜的龙船莓，边缘的几颗有些许被压破，但中间的龙船莓被保护得很好，仍是粒粒饱满。

她将那一大包龙船莓塞进我的怀里，小声地说：“寒寒收好，自己吃，不给别人。”

于是我便欢天喜地接过来，跑进屋独享我的美味了。

3

我九岁那年暑假时，表妹阿淇跟我说了一件怪事儿。她说外婆家院前菜畦里有两条剧毒的蛇，她亲眼见过那两条蛇飞快地攀上两米多高的坎，叼走了对门张家养的一只鸡。我当时听得后背有些发凉，心里带着些好奇，但嘴上却又不屑：“哼，你怎么知道那是剧毒的蛇？”

阿淇急了，说话也说不顺溜，只是边比画边说，那蛇的头是扁而尖的，身上的颜色鲜艳得很，其中一只身上是金色的环，另一只是银色的环。

我嘴上仍是不屑，心里却无端想起前些日子在百科全书上看到的金银环剧毒蛇，恰好跟阿淇的描述是一样的！这样一想，我不免慌张起来，又怕告诉大人却被他们斥作小孩子无端猜测，于是又不敢说。

我小时候是不大喜欢阿淇的。阿淇是我舅舅的独女，比我小三岁，一岁时因父母下海而被送到了乡下我的外婆家，也就是她的奶奶家，其后的六年里一直与我的外公外婆一起生活。

按我姨母的说法是，阿淇性格怪，不招人喜欢。

阿淇很闷，话不多，做了错事也不会跟大人承认。小时候尿了裤子或者打破了家里的东西，也都是家里大人发现后，她才闷声不吭地接受大人的责骂。另外，阿淇有时候也会突然话很多，但她的话真假掺杂，不可信。所以家里的大人，对我的宠爱也总是多过她。

没几天，阿淇又跟我说了另一件事。有一天夜里要去上厕所，就在拉开灯时，却赫然发现厢房外的木墙上挂着什么竖长的东西。

"我起先还以为是挂的麻绳呢，你猜是什么？……是条蛇！"

"呀！"

阿淇说得津津有味，还不忘吓我一跳，我不免惊叫了一声。

"姐姐真胆小。"她撅着嘴不屑道。

"那后来呢？"我忙问她。

"后来我就吓得跑进屋去了，奶奶出来时，蛇已经不见了。那蛇比我还长呢！奶奶说我撒谎，姑姑们也不信我。你信我吗？"

我惊魂未定，将信将疑地盯着她看了老半天，然后像是知道什么怪事了一样飞快地跑掉了。

4

之后的几天，我总是避免和阿淇说话，她要来找我，我也总找借口逃掉。

我的想法幼稚又天真，古怪的阿淇，总是莫名其妙地看到蛇的阿淇，说不定她上辈子就与蛇有什么联系！

这个夏天格外的冗长，我就算不想见到阿淇，却还是只能每天与她和一群乡下孩子混在一起。

有一天，我们在外婆家的院子里玩跳房子的游戏，时下正是七八月之交，夏天最热的时候，我只穿了短袖短裤，打着赤脚在青石的地面撒丫子乱跑。外婆在厕所外的院子里拿着长长的竹扫帚打扫。不一会儿，阿淇将一个更年幼的孩子弄哭了，无论我怎么哄他也仍是哭个没完，我只好硬着头皮跑去找外婆。跑上几级台阶，到粮仓与宅子中间的夹道立住，我刚站稳，嘴里的话说到一半："阿婆，阿淇她把……"

这时，一种古怪的冰凉感突然自我的赤脚上袭来，我下意识地低头看……一条蟒蛇正卧在我的脚面上将我的腿缠了一圈！我猛地尖叫了一声，往后一跳，却踩在了蟒蛇柔软的身体上！它吐着信子望着我，但奇怪的是，却没有咬我……

我的大脑已经一片空白，阿婆早已冲过来用竹扫帚狠狠地打着蛇，嘴里大声叫喊着："打死你！打死你！"邻家有年轻小伙听到了声响，也冲了出来，三下五除二就将蛇头抓住，掸在手臂上走了。左邻右舍听到声响的，也出来望一望，外婆只是爽朗地大笑几声："没事了没事了！有蛇爬到我这小外孙女儿脚上来了，吓了一跳！"于是左邻右舍见没事又各自进屋了，只留我一个人在原地一动不动，全身冰凉。

小孩子们被我这一吓，也不敢再在外婆家逗留，都各自跑回了家，阿淇默默走到我身边来，一言不发。

那天下午，神使鬼差地，我又走到了那个将蛇捉去了的乡邻家。蛇被他们随意地缠在院内的歪脖树上，屋外已飘起了炊烟，屋内也许正在酝酿一顿蛇肉火锅。

我站在树下一动不动地看着它，它吐着信子，只是看着我，像是很久以前我们认识一样。

5

那晚我发烧了，嘴里似乎胡言乱语了什么，神色也怪怪的。

晚饭后，外婆担心我，于是从院子里捉了一只鸡，带上我去了寨子里的神婆家。外婆说，要带我去“收吓（hè，方言）”。我木然地被外婆领进神婆家的门，又木然地看着外婆和神婆低声地说了什么，大致就是我被蛇缠足的事。神婆将我领到屋子中央，让我站定，不要动。神婆嘴里仍在念念有词，又做了些古怪的动作，嘴里的念词渐渐慢下来，最后长长地舒了一口气。外婆过来急切地问她，她也只是风轻云淡地摆一摆手，然后在外婆耳畔轻轻地说了一句话，阿婆的脸色有些微妙的变化。我没有听到她们的对话，但奇怪的是，我的心里突然空落落的，轻松了很多，像是有什么东西从我的身体里飞走了。外婆再三拜谢后领着我走了，一路上紧紧地将我揽住，只是小声地叨叨着：“乖，不怕，不怕……阿婆带你收了吓了……”

那晚我是和外婆还有阿淇一起睡的，外婆将我和阿淇一起紧紧搂住，一夜安稳无梦。

6

我后来的生活并没有什么影响。太婆过世后没两年，外公和外婆就搬到城里与我们一起住了。乡下的祖屋也几乎荒废，我再也没能回到乡下外婆家消暑了。

直到很久很久以后，我几乎要把这件事忘掉的时候，阿淇又跟我提起了。她问我：“姐，奶奶后来跟我提起那条蛇了。”

“嗯？有什么问题吗？”

她没直接回答我，只是看着远方，又抛了个问题给我：“你相信转世吗？”

我没说话，只是凝视着她，阿淇已经不是小时候那个爱说谎的小姑娘了。

“奶奶跟我说，神婆告诉她，那是太婆的转世，为了未完成的心愿来的。”她认认真真地说，我却觉得似在听一个奇幻的故事。

“奶奶没有说那未完成的心愿是什么。可是你记不记得，太婆下葬的时候，你是全家唯一一个没有到的。”她顿了一顿，低头小声地说，“你可是她最宠爱的孩子。”

“太婆死时没能见到她最宠爱的孩子，心有不甘，因此就算会被人抓了去，也要千方百计转世来见你。见到了，她的心愿也就完成了，太婆也就安安心心地走了……”

我没有反驳阿淇的话，也没有肯定，甚至我不知道是否该相信这转世论。

只是，我想起了，六七岁，垂髫时，每天坐在院子前，等着太婆慢吞吞地从山上下来，从怀里颤巍巍地拿出一包被宽大树叶包裹住的野果，摊开来，递与我。

“寒寒，你喜欢的龙船莓。”

校服的裙摆

回寝室后对着镜子仔细审视了一番，镜子里的人熟悉而又陌生。熟悉的是曾经我千百次地看见过这样的我自己，陌生的是我的眉眼间少了高三的疲惫和充实。我想或许我真的应该承认，它真的不丑，一点儿也不。

渐渐地，我也终于看清，我的校服既不萌也不傻。它和大部分的校服一样，棉质的，白色的，印有校徽和校名的拼音。但是它所代表的年代却是那么的傻气和青涩。

又何妨

秦筝疏

这些天，雨下得总叫人好生闷心。下得铺天盖地不说，趁着风劲儿大越发地蛮横起来。

倒是今日，不小心碰上绚烂晚霞，又乏了去静心的功夫。

昨晚硬生生地被清梅姐劝去了“二丁木”。虽未能在纵情的歌声中释放压抑着的情绪，但总算通晓何谓冷暖。此后也不必事事那般纠结、时时那么敏感了。那些个温和婉转的女声，终究是拿捏不住的。一首丁当的《洋葱》不觉让人心头一酸，却又不至于撒下一地晶莹。幸亏有卢卢帮我把高潮部分接了过去，如此也是一份浅浅的欢喜了。

高考成绩出来之后，那定是有人欢喜有人愁的。狂言半句：高考必有一挂，人不挂我挂。不去议论别的什么，有些事情自个儿心里像水珠那样通透就好。你说世事不公吧，你也拥有了第二次机会；你说你尽力了吧，那三个数字就像别人拿着一沓钞票在甩你的脸。慌张什么，恐惧什么，懊恼什么，后悔什么。不如做个明白人。清清楚楚，有条不紊。可不要拿自己的身子作践。这等洒血的傻事，只愿在新闻上网络上看看就过了。想上电视，也找个体面大方的场合。

明天该是二十七号，我猜，不少人还在继续失眠吧。也难怪，这6月的天，还留着暑气。

安安稳稳躺在床上是幸福的。脑子里还带着课本目录与高考指南里的那些事情，也就麻烦一些。咽着一口不顺畅的气在心里，也需要给自己疏通疏通了再歇息。带着坏情绪入梦，那跟自种病根没什么不同。各自掂掇，各自珍重。

我 和 你

翁诗凡

我比你长一岁，所以你就得叫我姐，可惜的是，从小到大，很少有机会听到你叫我姐，除非是有事相求。话说，我这个姐当得也是够失败的，别人家的姐姐都是让着弟弟的，什么扫地、买菜等家务活都是她们在干。在我们家，则不然。我好吃懒做，什么都不管，俨然是一个土财主，你则充当起“家庭煮夫”，而且还老是被我欺负，各种威逼利诱，各种打压，有没有？俨然一个受压迫的贫苦农民有没有？你一旦做坏事，被我发现，我就会抓住这些个小辫子不放，以此来威胁你乖乖听我的话，为我跑腿，不过这都是你进入青春期之前的事了。之后，不知是我成熟懂事了，还是你进入青春期不肯出来了，我越来越叫不动你了，你会大声吼我，你会抓我的小辫子了……但有一点你一直没变，那就是你那外强中干的性格。

小时候，你偷藏了几枚硬币，怕被我发现让爸妈知道，便拖我一同下水。要知道，那几枚硬币对当时的你我而言是一笔巨大的财富，我禁不住那个诱惑呀……后来妈妈发现罐子里的钱老是少，便分别拷问咱俩，因为时间不允许，我和你连串供的机会都没有。结果，我在这边挺直腰杆理直气壮死不承认，你在那边没过三分钟就声泪俱下地认错了，还带爸妈找到了咱的藏宝地。因为我是老大，自然就把我当成了主谋，于是一向温和的老爸联合一贯奉行“棍棒教育”的老妈对我来了场“暴风雨”，后遗症就是：从此我看到硬币就头皮发麻，非要把它整成纸币。

昨天，你要去厦门读书了，本来说好你自己一个人去的，你也拍着胸脯大言不惭地说你可以。可出发前，你居然害怕了，硬要妈妈陪你去……

你说，同是一个妈生的，咋就差别这么大呢？我强悍，你软弱；我聪明，你有点儿笨；我眼睛小，你眼睛大；我胖，你瘦……你全身上下从里到外再往里，有哪一点儿像我？我们连一丁点儿的姐弟相都没有，你前世该是在佛前求了不止五百年才遇见了我，我前世又是踩了多少次狗屎才摊上了你啊。

我和你，感情不算好，但也没那么坏；我们经常吵架，但不打架；我们会冷战，但不会仇视；我们抢东西，但不会独占，总能以平分收场。拿一袋话梅来讲，我和你就一定要在那边数话梅，然后平分，如果多出来一颗，要是正赶上我心情好，我就赐给你了，否则，我就非要把话梅搞成半边梅。

有一阵子，你恋爱了，我一直不太敢相信这一事实，以你那个头脑和长相，怎么会有女生喜欢呢？……好吧，我承认，你老姐我没谈过恋爱，各种羡慕嫉妒恨哪！不过我很清楚，你们一定不会长久，就算长久，也不一定能进咱家的门，因为我会誓死阻挠的……额，后来不知是上帝他老人家耳朵突然好使了还是咋地，总之，你们散了……

其实我想说的是，如果有一天你要结婚了，我一定会给你包个大红包的（都是硬币的），一定会吩咐你媳妇好好照顾你，毕竟你被我剥削了这么多年。

9月17日，你去了厦门。

9月18日，也就是今天，我才发觉，你在我的生命里扮演着如此重要的角色，你已陪了我十七个年头，相信以后也仍会陪着我。

小子，不管你在哪里，也不管你是否愿意，这一世我都会是你姐，你逃不掉的！

比夏光更漫长的是诗和远方

蓝与冰

1

朱晓晓是在五月初的一天去高中部闲逛时被赵阁弈叫住的，他边拽着挂在脖子上的毛巾擦汗边扯出一脸笑嘻嘻的表情说：“同学，你有事吗？方便的话帮我看一会儿球呗？”

彼时的太阳正在喷火，赵阁弈头上根根竖起的板寸发丝被阳光晃出亮晶晶的光泽，看也知道是刚打完一场篮球赛。胸腔里满满的兴奋情绪等着去发泄。朱晓晓看着他皮皮的笑脸愣愣地点了头。

赵阁弈嘿嘿一笑，把篮球甩给她，转身跑走了。朱晓晓坐在体育场旁边的长椅上晃着腿等，这一等，就是六个小时。明明还没到夏天，天气却闷热得可怕。太阳在天空中织出了无数的螺旋圈，让她抬头看看都会眼晕。

等到赵阁弈终于和朋友一起跑回来的时候，朱晓晓已经晕得连说话的力气也没有了，于是她只好抬起头勾勾嘴角，给了他一个不怎么好看的笑脸。

还好夕阳已经沉了下去，拂起的凉风让她的头脑清醒了些。她才看到眼前的少年紧蹙着眉，用凉凉的手探了探自己的脑袋说：“傻丫头，那边就有阴凉处的，你就这么死脑筋地在大太阳下等了六个点？”

没等赵阁弈说完，他身边的骆青杨就给了他一个爆栗：“有你这么说话的吗？！粗心让别人等还这种语气！小妹妹，你没事吧，中暑了吗？”

朱晓晓晕乎乎地抬头看着这两个男生，“傻丫头”和“小妹妹”的称呼让她不很喜欢，于是先说的是：“我叫朱晓晓。”

两个男生无奈地对视了一眼，还是赵阁弈先说：“完了，真是热傻了，都答非所问了。”

那天，不管朱晓晓的推辞，赵阁弈愣说她是中暑了，不由分说地拉她赶到了医务室。很不巧，医生已经下班了，于是三个人坐在石阶上歇了起来。骆青杨去买了冰可乐，却被赵阁弈先抢过了一瓶。他咕嘟嘟地喝完才打了个嗝，畅快地说：“哈，今天篮球赛赢得可真漂亮！结果大家让我去送球，体育室却关门了，还好看见了你。”

骆青杨白了他一眼：“还好意思说，就你心大，庆功后就把篮球给忘了，要不是我问你，还得让人家等到什么时候啊。”赵阁弈笑笑，拍拍朱晓晓的肩膀说：“以后叫我哥吧，我就罩着你。”

2

那以后，朱晓晓才知道，那两个男生是高中部的神仙级人物。脸上总是挂着笑的赵阁弈是体育部的主力，带领足球队为学校赢得了好几块奖牌；而他身边沉稳安静的男生则是骆青杨，自律守己的学生会干部。他们仿佛一对门神，一个嘻嘻哈哈，一个面无表情。大家很奇怪这两个性格迥异的人怎么会是最好的朋友，就像奇怪为什么一个平淡无奇的初中部女生朱晓晓会忽然和他们扯上关系一样。

赵阁弈似乎很中意这个新认识的小学妹，总会拉着她的胳膊带她跑到高中部的领域乱窜，美其名曰是为了熟悉之后的环境，可领她去的都是食堂、体育场之类的闲暇场所。赵阁弈惬意地眯缝着眼向朱晓晓讲着生活中琐碎的小事儿，总是自说自话地自个儿先乐上，却没注意到朱晓晓一直以来的冰块脸。正值中考备考期的她才没这么大块的时间来听他闲扯，她答应出来，都是因为赵阁弈身边的另一个人。

骆青杨总是摆着一脸无奈又宠溺的表情，不像是朋友，倒像是赵阁弈的家长。朱晓晓早就注意到了他的温柔细心，三个人去食堂吃饭时，骆青杨总会拿起七支筷子，一支横放来支起三双筷子头，无言的贴心细致像排列整齐的筷子，看着就让人舒心。

“你怎么总不说话啊，是不是有自闭症？”赵阁弈忽然敲了一下她的脑袋，打断了她的思路。他下手从来没轻重，朱晓晓摸着额头上的红印子皱紧了眉摇了摇头。她忽然产生了有点儿邪恶的想法，要是赵阁弈不在就好了。他们虽然是三个人，但一直是赵在高声地说这说那，剩下的两个人只好安静地倾听。他不在的话，气场很合的骆青杨一定能和自己过一个安静轻松的下午，就像两棵一样的植物，没有那过于强烈的阳光暴晒，一定能享受到更舒畅的沁凉。

3

中考的压力虽说没有高考那么大，但毕竟也是人生中遇上的第一个坎儿，除去每周被赵阁弈叫出去玩的时间，朱晓晓更得珍惜剩下的复习时间了。就在她为难解的数学几何题犯愁的时候，骆青杨来帮她了。

朱晓晓“咕嘟”地咽了一口口水，心脏跳得更欢快了。骆青杨的刘海有些长，垂下来刚好遮住眼角；骆青杨的衣领永远雪白干净，在现在的男生里很少见呢；骆青杨讲得深入浅出，像有魔法一样，难解的几何题画条辅助线解得得心应手……朱晓晓不好意思说，给她讲的内容她没完全记住，可骆青杨蹙眉思考的样子她却记得清晰无比。

厚厚的习题集很快就翻到了最后一页，中考结束那天，也有很响亮的阳光。朱晓晓走出考场时细细数着这一段时光里的快乐，忽然觉得好庆幸自己在两个月前守了一下午的篮球。因为一出考场，等待考生的家长中有两张年轻而英俊的脸，那是赵阁弈和她的师父骆青杨。她之前在一本书上看过，对于一个人的形容词越多，说明他在你心里的位置越重。所以她固执地这样叫，只希望他在心里也会小声地回她一句：小徒弟。

学校附近的小店都被挤爆了棚，于是大家还是觉得去吃冰淇淋。许是压在心头的包袱终于卸下去了，朱晓晓的脸上难得地浮起了笑容，有精神地回复着骆青杨关于题目的问题。赵阁弈静了一会儿忽然说："我发现，朱晓晓你怎么只有和骆青杨说话的时候才会变得温柔，会笑起来啊？"

一句话问得朱晓晓的心跳登时就加快了，还没思考怎么回答就听见骆青杨自然的语调："哪儿啊，她是今天刚考完试心情好罢了，你也来陪她说说话吧。"

朱晓晓就有些泄气，结果赵阁弈一句话就把她呛到了。

他问："你父母怎么没来学校接你啊，我看别人的家长都等在外面呢。"

刚问完骆青杨就责怪地瞪了他一眼，朱晓晓看在眼里，之前因为赵阁弈受的委屈终于满溢到要爆发了。她长吁了一口气，一拍桌子站起身，紧着眉大声说："喂，赵学长，你偶尔说话前先过过大脑好吗？是，我父母早就离婚了，妈妈平时工作还忙，所以根本没人那么关心我了！你听到了，满意了吗？"

她这与以往的角色定位不符的言行让赵阁弈和骆青杨都愣住了，半晌，还是赵先有了反应，而且是很奇怪的反应。

赵阁弈很开朗地笑了起来，笑得正在气头上的朱晓晓都愣住了。赵阁弈揉揉眼睛说："正好啊，今天你终于在我们面前发火了，肯打开自己了。来，让我敬你一杯吧，祝你以后永远这么风风火火，别什么话都憋到肚子里啦！"说完，他一口气喝完了面前的蓝莓碎冰，又因为吃得太急头疼而倒吸起气来。看他这样子，朱晓晓的气也消了，笑容很自然地爬上嘴角，她是真的拿这个擅长岔开话题的孩子气学长没辙了。她回头看看同样无奈脸的骆青杨，觉得这感觉也不错，像欢乐的一家人一样。

4

那个暑假是朱晓晓人生里经历的最精彩的夏天，从考试的枷锁里解脱之后，几乎每天她的手机都会欢快地叫嚷着唤她出去。她第一次去了游乐园，三个人高叫着坐云霄车俯冲到水里，在激起的水花里放肆地张扬着快乐；一起去了传说很吓人的鬼屋，结果赵阁弈却一脚踢坏了突然弹起来的僵尸道具，还赔了一笔罚款。朱晓晓很喜欢赵阁弈用过的一个词：打开自己，她感觉自己像一个尘封已久的盒子，终于幸运地遇到了两个少年，让她重新从盒子里抬起头，看见了那么美的阳光。

八月末，大家约好一起去爬山。四平山虽说有一个安稳的名字，但直上直下的山岩说明了攀爬的难度，活像一个圆锥体，让朱晓晓连落脚的地方需要让一下才能迈下一步。三个人小心翼翼地爬到一半就已累得要命，正巧有一处凸出来的台状山石，赵阁弈就顺势摊在了上面，边大口喘着气边将提着的心脏放轻松点儿。

朱晓晓不太喜欢这样刺激又劳神的运动，可当闯过那些困难时在安稳处吹吹风的感觉真的很不错，整个身体都空旷了下来，只剩一颗兴头上的心脏在身体里不停地冲撞。闭上眼时，仿佛回归成了最初的小生命，在一片温暖里安下心，失足的安逸和轻松感包围着自己。这样的安静，让人想要用全身的力气去迎风呐喊。

果然，赵阁弈不一会儿就起了身，冲着山谷大声喊了起来：“啊——”

底气十足的喊声被山谷接到后再跑回来，一声声畅快地充斥了天地。他回过头笑笑说：“你们也喊两嗓子嘛，很爽快的。”

朱晓晓叫的声音像入秋的枯叶，很快就散在了风里。她鼓起勇气，透彻心肺地重新大喊了一声，尾音拖得长长的，像是要把所有的压力都嘶吼出去，所有的秘密都宣泄出去。于是，一声声的喊叫变成了大家发泄的话：

“考试什么的去死吧！”

“希望下学期可以轻松点儿！”

“让暑假更长一点儿吧！”

朱晓晓喊得嗓子有点儿干，笑着咳了两声，却忽然听到了赵阁弈的喊声：“朱晓晓，我喜欢你啊——”

整个世界都将“喜欢你喜欢你”的话无限轮回地送到朱晓晓的耳朵里，她身体一抖，却还是没做声没回话，假装没听到那句世界都在帮他助威的话，无言的行动阐明着答案。

还好赵阁弈没有再说，假装没发生过什么事，还是嘻嘻哈哈地抻着胳膊说：“歇够了吧，咱接着爬？”

可这古怪的气氛没那么好了，三个人像是都失去了开始的兴奋劲，只陷在尴尬的沉默里。朱晓晓的心情可彻底变了样，一直在想以后该怎么办，就在她因为这些事分心的时候，没确认好左脚下石块的松动度就踩了下去。石块滚了下去，朱晓晓一个重心不稳，不受控制地向左边栽去。她慌乱地一把拽住了赵阁弈的左手腕，谁知那只手竟然没去拉她，反而是触电一样，用力甩开了她。

那一瞬间，朱晓晓心里被抛弃的难过甚至超越了心底的害怕，绝望感和恐怖让她的手都失去了力气，就要跌下去时，骆青杨抱住了她。两人惊心动魄地滚了下去，刚好摔在了石台上。朱晓晓起身时嘴唇都吓白了，后怕一样全身都在抖。她丝毫感觉不到刚刚摔到石台上后背的痛感，心里全部的感情都融成了泪，自眼眶汹涌而下。

下山时，朱晓晓的眼泪还是没停，岔气地抽泣着，骆青杨只好牵着她的手走。她默默地想，如果刚才自己对赵阁弈的表白没有无视，而是好好接受的话，那他是不是有可能不甩开自己的手了呢？

她又猛地摇了摇头，这个问题没有答案，而且她也根本没兴趣去知道了。

5

朱晓晓的手机快要被赵阁弈的短信挤爆了。他发来的信息是成段的“对不起对不起”，可有什么用，再后悔也不能抹除当时下意识的狠心举动的事实，要不是有骆青杨，自己说不定都会……他的短信让朱晓晓更心烦，于是她一狠心将他的号码列成了黑名单。

可接下来的日子的节奏却猛地慢下来了，她的手机安妥得像个老年人，之前觉得过得飞快的时间无力地拖长了好多，变得拖沓而无聊。朱晓晓抱着膝盖，奇怪时间感怎么会变得这么大，原来相对论是真的。

原本她以为没有赵阁弈的话，自己和骆青杨会过得更轻松，可现在她才恍然发现，原来之前每一次邀约的都是赵阁弈，他才是真正的黏合剂，没有他在，自己和骆青杨竟然连联系都失去了。三人的快乐时光再也捡不回来了，犹豫了一阵，朱晓晓终于决定主动邀骆青杨出来一次。

朱晓晓失望的心情很快就在骆青杨的话里转变成了震惊，她听着他低沉的语调，像在淋一场让自己清醒了的冰凉的雨。

原来他们十年前就是死党了，那时的骆青杨木讷而沉默，运动神经不发达，身边也没几个朋友，唯一一直陪着他的，就是赵阁弈。所以他也清楚赵阁弈的全部底细，比如故作坚强的伪装，比如嘻哈表情下的认真，再比如脆弱到曾经割过腕的事实。

赵阁弈小时候爸妈就离了婚，他是奶奶一手带大的，可就在他十岁的那年冬天，最亲密的奶奶因为滑了一跤突发了心梗去世了。赵阁弈的爸爸在国外暂时赶不回来，于是叔叔们回来匆忙地举办了葬礼。在大家都离开的第一个晚上，骆青杨跑去看他，赵阁弈在骆青杨面前却没掉泪，还是咧着笑脸，骆青杨就以为不会有太大的事回家了。可回去跟父母说之后他们才开始担心，赶回去时，那个一直笑的少年已脸色苍白地倚在墙角，血液如注，染红了整片地板。

朱晓晓心口一紧，看着骆青杨。他像一具冰凉的雕塑，眉额间的皱纹清晰而深刻："你知道吗，他抢救回来的第一个动作竟然还是对我笑，说对不起让我担心了，以后不会这样了。他被抛弃过，所以无比珍惜着身边的每一点温暖。受过伤的人总是笑得最开心的，因为他们不忍心让身边的人也承受一样的痛苦。所以他平时才总是乐天派，所以他那天才会下意识地甩开你的手——之前伤到了动脉，那也是他的身体自动做出的反应啊。"

骆青杨的话像是炸药，把朱晓晓心里所有的情绪都炸得一干二净。她在一片恍惚里才逐渐想明白，怪不得赵阁弈的左手腕一直戴着护腕，原来那下面藏着这样一段悲伤的记忆。他才是最细心的人，是他会记着自己无意间的话，悄悄地满足她的小心愿，连骆青杨来教她数学都是赵阁弈央求的；他担心她有些太内向了，所以一开始才经常来拽她出去，和她说话，希望能让沉默的她也笑起来；他在自己等了一下午篮球的那个晚上就微笑着对骆青杨说过，他等的那个善良的姑娘终于来了，他愿意用所有的认真和执着来补偿她那一下午的等待。

骆青杨抬起头，目光苍凉却还是挂着笑："对于这样的人，你还忍心离开他，变成陌路吗？"

6

朱晓晓离开这所城市时是在九月初，她的妈妈因为工作调离临时去了别的城市，本来想留她在这上高中的，可她要求跟妈妈一起走。

朱晓晓没告诉任何人，帮妈妈把行李搬上车之后，留恋地回头望了一眼。这个城市的这个夏季，她邂逅了人生里最精彩的时光和最美好的少年，所以她选择带着秘密偷偷走掉，用这些回忆来温暖觉得孤单时的自己。

从骆青杨的话里朱晓晓才知道，原来赵阁弈从一开始就喜欢上了自己，他在私下也不再叫自己傻丫头，而是叫那个真挚善良的姑娘。她想象着他在说出这个称呼时脸上的表情该是怎样的温柔，却没人比她更清楚，自己才没有他说的那么好，最起码并没有那么善良，她只是习惯于妥协罢了。身为女强人的妈妈一手将她带大，让她养成了没主见的听话性格。

所以她选择了默默离开，她不敢去看赵阁弈的眼睛。因为她不忍心去辜负赵阁弈心头的念想，担负不起那么多美好的形容词。

可是以后的她不会了，朱晓晓已经下定决心了，在离开的日子里要很努力地成长，向着赵阁弈心里的那个美丽的方向。她已经从他身上学会了勇敢和自信，在新的日子里，要彻底抛弃懦弱卑微的自己，去做赵阁弈心上的那个善良美好的姑娘了。她会等到自己都满意的一天回来，向着这个住满了回忆的城市，向着这个永远不会完结的美丽夏季，向着等待了她好久的温柔少年，飞奔而去。毕竟远方比一个夏天要漫长得多，有一颗善良的心也终会轮回到幸福的结局，总会将自己的人生写成一首纯挚美好的诗篇。

手机又响了，是赵阁弈，看来他看到自己离开时发给他的短信了。朱晓晓解开屏幕，看着那行回复，终于舒心地笑了。

校服的裙摆

微　晗

夏天一到，隔壁文科班的女生就会穿着花花绿绿的裙子，像一只只妖艳的花蝴蝶在教室旁的走廊上飘来飘去。后桌男生唉声叹气：“一样是女生，怎么差距就这么大。”说完略带鄙视地看了我一眼。我瞪了他N秒之后败下阵来。谁让我穿的校服呢，虽然我其他衣服的观赏价值也好不到哪里去。

他同桌突然从书里抬起头，“还同样是校服呢，人家日本校服引领国际潮流，我们的……”该男生的表情突然纠成一堆，我理所当然地以为他是找不到贴切的形容词，所以我自作聪明地补充了后半句，“不堪入目！”得意扬扬之际，我发现背后站着班主任，然后我的表情比他还纠结。

班主任笑眯眯，我猜他肯定在幸灾乐祸校服又不是他设计的。“等你们考上大学就不用穿校服了，而且到了大学有看不完的穿裙子的漂亮女生。”后桌男生心照不宣地与之相视而笑，顿时我觉得他们俩都无比猥琐。

为了不用每天都穿校服的微小希望，我的学习态度又端正了那么一点点。

后桌男生依旧每天嘲笑我，“你看你，穿得比化学方程式都死板。”而我渐渐学会了以牙还牙，“你以为你穿的不是校服啊？”后桌也随之进化，“人家沈佳宜穿的也是校服啊，长得漂亮穿什么都好看。”然后我就会狠狠地戳他死穴，“上课老师说的那道物理题真简单，你消化了吗？”此话一出，他马上就垂头丧气，软绵绵地趴到桌子上，哀怨得像一个小媳妇儿。

再后来，此段对话每日上演，翻来覆去不见更新，仿佛智商仅此而已。事实上，我们所有的脑细胞都死在理综和数学上。

高考之后，后桌男生报了财经学校，我报了理工学校。我恭喜他从今以后夏天乃至冬天都有看不完的裙子和美女，他安慰我穿得再死板在男多女少的理工科也能嫁得出去。他说完这话，我把他踢得嗷嗷叫，“忍你很久了！”当初我之所以不踢他是因为他坐我后面，如果他想报复的话，机会太多了。

我没有想过，大学军训之后，我穿的第一件短袖是高中校服。我说不清我到底是怀着怎样的一种心态把它穿了出来，就像我说不清楚收拾行李的时候为什么会把它放进来。

室友盯着我的校服看了五秒，“傻，真傻，比你穿迷彩服还傻乎乎的。”得，还不如高中同桌那句呢。

偏巧后桌男生打电话过来跟我感慨，“老班果然没骗我，大学里多得是穿裙子的学姐。”我说不正合你意吗。他沉默了一会儿，“不知道为什么，我突然觉得还是校服好看，不过可惜我校服不能穿了。”

毕业那天，后桌拽着他那件校服让全班同学签字留念，等我写的时候，他突然冒了一句“以后不能看见穿校服的你了，也不能找人吵架了。”然后我就很没有出息地红了眼眶。和我一起掉眼泪的还有受偶像剧荼毒很深的女生。她是为校服哭的，她的男朋友在一旁很温柔地安慰。想当初，全班除了此男生全都换了冬季校服，这位傻姑娘抱着和他穿“情侣装”的心理淡定地寒风中打战。最后实在冻得受不了，跑过去跟他一阵吼，你倒是早点换冬季校服啊！于是莫名其妙地两个人牵手成功。这是我所目睹的最单纯的爱情。

在我思维停顿的这段时间，后桌“嘿嘿”奸笑了两声。“你校服还好的对吧。哪天穿了拍张照片传给我啊。我觉得你穿校服可萌可清纯嘞！”

托后桌的吹捧，我穿着校服去上课了，意外地有人觉得很好看。

回寝室后对着镜子仔细审视了一番，镜子里的人熟悉而又陌生。熟悉的是曾经我千百次地看见过这样的我自己，陌生的是我的眉眼间少了高三的疲惫和充实。我想或许我真的应该承认，它真的不丑，一点儿也不。

渐渐的，我也终于看清，我的校服既不萌也不傻。它和大部分的校服一样，棉质的，白色的，印有校徽和校名的拼音。但是它所代表的年代却是那么的傻气和青涩。

后来，我再没有穿过，因为我不得不面对现实，那就是我再也回不到每天穿校服的过去。庆幸的是，正如有人说的，没有人永远十七岁，但是永远有人十七岁。

有此碎屑，无彼经年

马佳威

时年九月，我和橙子扶在走廊栏杆，看高一新生蹦蹦跳跳来学校报到，橙子说：“又是一群无知少年。”说这句话时，橙子朝着学弟学妹们投去无比同情的目光。我笑着说：“我们当年比他们还纯洁呢。”这是我们第二次趴在这里谈论这个话题。也就意味着我们正式问鼎高三。

在这段被命名为青春的时光，我们用青春折算成分数，却发现青春是滚着跑的，成绩是自由落体运动的。

橙子常把青春比喻成拉粑粑，因为有时候努力再久也是一个屁。而我总是抱怨青春连屁都不如，至少屁是响的，而我的青春不声不响。就好像我在学校扮演着平民的角色，被来自各方面的权力机构约束着。

有天下午和橙子路过学校门前的塑像，一个女孩儿托着一只白鸽，橙子问我这尊塑像的含义，我说：“展望未来，放飞梦想。”然后橙子大骂我肤浅，我摆出一副愿闻其详的姿态。最后，橙子公布了答案是“读书顶个鸟用。”我大赞橙子某种青年思维广。

我们一直相信考试拼的是人品，碎的是节操，我们把考神供奉在教育的神坛上，用一个“蒙”字混迹于各大考试中。但事实上，如果以蒙对题目的数量来证明人品高低的话，我人品还真没好过。为提高人品，橙子制定了一系列提高人品的方法，比如扶摔倒的老奶奶，比如帮同学出去买王麻子烧饼，比如不玩暧昧不骗妹子多拜佛多求神……每次看到这个，我都会哈哈大笑，我说橙子这已经不是没人品的问题，而是已经上升到没节操的高度了。

那年冬天是我们高中生涯的最后一个冬天，胡夏的《那些年》在校广播循环播放，班主任发出了最后的通牒：有了的不要吵架，还没有的就不要急着找。香飘飘奶茶的香味开始萦绕教室，我们用的面巾纸连起来也可以铺地球一圈。

时光似乎绑架了我的青春，头发突然一天比一天白，某天上课突然告诉橙子："我其实隐藏了一个多年的秘密，我一直想告诉你，可是却没有机会说，现在我不得不告诉你，其实我是吸血鬼，我要吸血才能重获青春。"但橙子却没有预料中的惊讶，而是神秘地说："其实我也有一个秘密，既然你想吸我血，我也就不得不告诉你，其实我是鬼，没血。"说这些话时正在上语文课，没想到语文老师会在我们背后，她镇定地说："你们应该演话剧去，不应该来上语文课。"只听"噗"一声，然后哄堂大笑。我偷偷对橙子说："今年的奥斯卡影帝是你的。"橙子说："不，这是你的奥斯卡。"

我发现我们是名副其实的影帝。曾经我要流氓戏弄橙子："小妞，抬起头让小爷瞧瞧。"橙子一副鄙视的眼神看着我，"就你这副熊样也是在调戏别人？"于是橙子对着天空大喊，"小妞儿别跑。"结果路过的小学妹甩了句："神经病。"橙子惊愕在那里。我说："人家不泼洗脚水已经对你客气了，不然去政教处报到，回来老师问你犯了啥事，你憋红脸说要流氓，那老师不被你活活气死。"说完，我对着橙子笑了半天。

那时加勒比海盗风袭荧屏，橙子躲在被窝看杰克船长，而我每周回家蹲在电视机前看喜羊羊如何捉弄灰太狼。

我未能想象海盗危机已经翻过索马里，跨过亚丁湾，漂洋过海来到亚洲，于是我们预测高考考点不是在中南半岛，就是索马里，可就在临近高考，却出现了黄岩岛，其实我们就是那群向着自由彼岸驶去的海盗。杰克船长说："我们想去哪里就去哪里，这就是船的真正含义，你明白吗？可不仅仅是有条龙骨，有个船壳，有层甲板，有几张船上所必需的帆是一艘船的真正含义，一艘船，一颗黑珍珠的真正含义，是自由。"

我们站在高考的甲板上，我们的船只开始加速前进。橙子每天早上像个忍者一掀被子跳着起床，而我必须先伸出一只脚探探外面的温度，再婆婆妈妈地起床，等我起床，橙子已经洗漱回来了。我每天闻着新卷子的油墨香，橙子发誓要把高考这头巨兽斩于马下，而我暗暗下定决心，决不让自己在六月哭泣。

最后进考场之前，橙子送了我一个很大的橙子，橙子上还画着一个笑容，我仿佛看见了橙子嘴角扬起四十五度自信的样子。

"在那茫茫黑暗里的是什么，是自由。"那个时候杰克眼里闪着泪花。橙子说这句话的时候，也闪着泪花。

后来，出人意料的是橙子落榜了，我不知道怎么安慰他。但后来有天突然看见橙子在微博上说：高考出分，哭了一批，笑了一批，惨淡了一批，灿烂了一批。那些难过的人以为他们是下地狱了，那些高兴的人也以为他们真的上天堂了。只有上过大学的才知道，再差的大学一样可以努力，再好的大学也一样充斥着堕落。谁都别说得太早，阴差阳错也许比如愿以偿更让人成长。

即使橙子一向认为"读书顶个鸟用"，但还是抱着书本踏进了高四的大门，而我则选择了南方的一个二类学校，继续以"混"字纵横江湖。

我想把很多青春片段剪辑成美丽的言语，并自认为这是华丽丽的小说。可后来橙子打击我说，"你那哪是什么小说？"我说，"我不会写小说，这只是我的青春呓语罢了。"

阿狸说青春是一场没有彩排的舞台剧，需要用心演好角色，直到谢幕。

前几天我感慨地说："指缝太宽，时间太瘦。"橙子回复我说："胖子指缝太宽是假的，但时间太瘦是真的。"

有你在，便是最美的时光

善　侍

我很喜欢一首歌：《世上只有妈妈好》。天下爸爸会妒，但，她真的真的很好。

七岁。常跑去村里唯一的小学看姐姐上课，看同龄小伙伴上课。我总是赖在学前班门口，蹭课。学前班的老师很漂亮，她总拍着鼓，教他们唱歌。我总是在一片欢乐的歌声中，不自觉地挪进去。结果，小朋友们不乐意了，哭着闹着让我出去。无措下，我仓皇逃开。

我哭着求你，让我上学前班，和他们一样。你说，学前班很贵，将来直接上小学也是一样的。我不依不饶。你说，我也可以教你唱歌的呀。于是，你操着极其普通的普通话教了我人生第一首歌："世上只有妈妈好"。

八岁。背着你做的书包，踏进了魂牵梦萦的叠石小学。盛夏的体育课，抓着枝条打低飞的蜻蜓是不变的活动。乏了，便去浅溪戏水。每次浑身湿透，都得坐在石桥上晒干方敢回家。

回家面对着你铁青的脸和刚从竹林取下的竹条。你边打边说：看你以后还敢不敢再去！我哭着求饶保证。呵呵，孩童甚是健忘，次日，天气闷热，终是抵不过浅溪水的干净清凉。于是，一个个炎热天，你握着竹条出现在岸边，玩得不亦乐乎的我上了对岸拼命地跑，你笨拙地追。

九岁。哥哥烧的洗澡水总是烧不开。我得舀水给妹妹洗澡。灶台高，身高够不着，得踩着椅子才能一瓢一瓢地往脚边的水桶送。那次，脚下一滑，整个人栽了下去，桶也倒了，大腿被烫伤一大片。

上了药的腿，依然很疼。晚上，总是疼得哭醒。三妹睡品极差，时不时双脚乱蹬，更是疼上加疼。你便睡在中间，隔开我们，也因此，胸口被三妹踢得生疼。半夜一有动静，你就起来帮我检查，吹着风以缓解我的疼痛。

我想去上学，你就背着我去，小心翼翼。

十岁。你提行李，离开了我们。你说，爸爸会照顾你们的，我去赚钱，把家里收拾干净的话我就会回来看你们的。我不懂，什么地方可以让你看着我们几个孩子哭得惊天动地却头也不回地坐上车离开。

你走后，家里安了电话。爸爸有一张卡，打给你之前都得输入一大串数字。通了，我抓起电话问的第一句永远是："妈妈，你什么时候回来？"你说，快了快了，殊不知这句"快了"得从年初等到年末。

十一岁。年末，你回来了。你提着大包小包下了车，领着等车的我们一起回家。你说，这是给二妹的，这是阿猪的，这是大头的……小弟弟三岁，怕生，见着你，吓得躲到门后。我们都笑了，你却哭了，我是妈妈啊。

正月十五后，你又走了，刚与你混熟的弟弟哭得死去活来。你依然说，妈妈很快会回来的啊。

十二岁，农历三十。去年这时候你都回来了，可是，今年车子来来回回，就不见你的身影。爸爸开玩笑说你不要我们了，我们坐在床上一直哭，慌得爸爸打电话给你。我们说，屋子收拾干净了，你怎么还不回来？

你说，你在小镇租下了一座下山虎似的房子，过年回不来了，因为要收拾那里。说过完年一家人都搬了，就可以不必两头跑了。没有你的新年，比不是新年还难过。

十三岁以后，终于和你在一起了。

一次晚饭后，闲来无事教你写了你的名字。你一笔一画地写着。你说，要是我识字就好了，那年就不用离开了。不行！还是你爸爸在家才好，他会修水电，又有力气，又写得一手好字，生病了他可以抱你们去看医生，考试要签名，他可以给你们签……

而今，大姐嫁人了，今年九月份生了一个男孩儿。闲暇下的你又有得忙了。然而，你很高兴，抱着宝宝，无比疼惜、慈爱。弟弟已上初中。

中秋，我回家乡一趟。乘上当年往返于小镇与家乡的车，与司机伯伯闲谈，聊到了你。才知道，你离开时，我们看见的只是你的背影，不知道你早已泪流成河。心疼。

回家，你正抱着宝宝哄他睡觉，你哼着：世上只有妈妈好……

我拥着你，世上只有你最好。

我的文盲妈妈，有你在，每天都是美丽的。

织一段情，给你

微 晗

时光荏苒，转眼我出落成亭亭少女，白霜却调皮地缠上了你的黑发。丝丝缕缕，虽不多，却还是挺刺眼的。好吧好吧，我知道我煽情了，你肯定受不了，毕竟，你是那么朴实的一个人呢。

那么，是不是将我的感激和爱意倾注在一件实物上，你更能接受一点？

思前想后，最后把奋斗目标定格在了织围巾上。

哎呀，你看你是多么的荣幸呀。在一个织围巾给男友成风的氛围里，我能出淤泥而不染——毅然地选择了你，你是不是该表现得激动点儿？嘘……不要声张，如果觉得开心你就去门后偷着乐。

打定主意，趁三分钟热度还在，我屁颠屁颠地奔了精品店。

“我买毛线，姐姐，能不能带我看看？”您老最好祈祷我这个粉色控一会儿能把持住理智。可是到了柜台，我差一点儿血喷——架子上摆着少说也有八九十卷儿不同的毛线。“这么多种啊？！”一个不小心就暴露了我的无知。

“对呀。你看，这是普通毛线，卖得便宜；这个是羊毛的，贵点儿，但是特别暖和……”

我打断她的话，十分霸气地说，“我用来织围巾，但是我要最好的毛线！”

纠结来纠结去，最后我买了兔毛线。银灰色和深灰色双股线，织出来好看又正合适。在学校里，大家都叫我兔子，老爸，你看，我多为您老奉献呀，牺牲同胞啊。

称完毛线，一算价格，我的心就忍不住跟着付钱的手一起颤抖了：这得多少的零食呀？

付完钱，郁郁地出门。背后传来一声清脆的“哎！”

莫不是店主良心发现，悔不该收我那么多的钱？！显然——这是不可能的。

“小妹妹，看你这样儿你也不会织围巾吧？”

一群黑线瞬间掉落……

那位姐姐的手真够利索的，一绕一绕的，两排就结束了。我算是见识了飞针走线是个什么境界，虽然此针非彼针。

“来，你试试看。”她笑盈盈地把织针递给我。

事实告诉我，生活是不规律的，万物是会变化的。织针在她手里是青春少年在跳皮筋，轻巧灵活，百媚千娇；到我手里就是八旬老太跳恰恰，步履蹒跚，姿态扭曲。环顾四周，还好，大家都关心自己的事儿，没人在意我这个“小老太”。

哼哧哼哧织成了一排，递给那个姐姐，她看了一眼，然后说，“你没一针是上针呀。”这次真要含冤而死了，我就差跪下来求她赐教，多虔诚啊。

店里的姐姐又放慢了节奏教我，偏偏这时候手机响了，室友叫我回去吃饭。马马虎虎地应付一声，“我会了，谢谢姐姐。”然后飞奔而去。

亲爱的父亲大人，看到这里，你也不要感叹你女儿笨手笨脚，这还不是基因的问题？我妈年轻时候还给我织过活灵活现的小兔子毛衣呢。剩下一半的基因来源我就不强调说明了，你懂的。

如果精品店学艺只是个开始，那么这个开始还远没有结束。当我逐渐摸索出上下针，我发现织围巾的时候我用的是左手。如果说一个左撇子织围巾，织出来的肯定是条围巾，那么，我用左手织出来的就是怪胎。

室友拉着我一晚上的劳动成果，然后很不给面子地说，“你织的是围巾还是毛衣啊？怎么这么紧邦邦的，一点儿弹性都没有呀？！”

弹性？脑子里蹦出了问号，把自己买的围巾扯过来，特别白痴地说，“对哦，真有弹性哎。”再扯扯我织的围巾，更加白痴，“为什么这个这么紧呢？”

穿着睡衣摸黑上了六楼，“番茄番茄，你看我的围巾怎么这样子哦？我明明是按照方法来的啊。”说完开始给她比画。

“你这个手法不对！应该这样儿……”番茄有点儿无奈。“亲，你轻点儿，不能用蛮力……亲，你温柔点儿……亲，我说，你还是先把前面拆了吧……”

虽然万分不舍，但它代表我对你的爱，怎么能允许有次品？眼睛都不眨一下，三个小时的成果转眼间就成了一堆毛线头。

“番茄，你送我下楼，黑漆漆的，我怕。”

“你怎么上来的就怎么回去吧。”

啊啊啊……

睡在床上，可以很明显地看到左手食指上有个红点儿，摸上去有点儿疼。那是错误的扎针和抽针造成的。

松口气，对着放在床头的毛线，微微笑，晚安。

亲爱的父亲大人，看到这里，你是不是有点儿心酸啦？其实这只是第一次拆线，还有几次漏了一根线，我又笨手笨脚不会补起来，最多的一次拆了十几排，那时候我的速度是一排线十三分钟。咳咳，都怪你都怪你，没把基因遗传好。还有一次啦，兔毛粘在了被子上，结果我第二天皮肤过敏，吓得我再也不敢坐在床上织了。

织围巾的过程让我想起你我之间十几年的相处，那么多不和谐的小片段都被你包容了。

先说最近吧，放假我在家里每天睡懒觉，然后你就动用你的狮子吼把我吼起来，要不然就骗我说十二点了。我磨蹭着从被子里蹭出来，结果你还特别不放心，过几分钟还跑来看一眼我是不是真的穿衣服起床了。偶尔你也会抛过来一句，你这孩子，胃就是这么给你弄坏的。可是，父亲大人，这也不能成为你破坏我和我们家被子亲密接触的理由呀！

高中有段时间，我学习状态不好。有天你带了几个叔叔来家里喝酒，说话声音很大。我把房门摔得叮当响，一点儿不给你留情面。后来，你再没有带人回来吃饭。

还有初三的时候我中了减肥的毒，每天在家就吃一点点饭，你为了让我多吃一点儿，每次给我盛饭都要按几下。我不满，你怎么不拿脚踩啊？你把饭放到我的面前，不说话。

也记得很小的时候你和妈妈吵架，我一吼你就讨好式地对我说，没吵架，谁吵架了，我和你妈商量事情呢。我知道，你在尽力维护着一个好父亲，给我一个温馨的家。

再往遥远的地方追溯，你做过最最可恶的事情就是趁我小时候不懂事给我喂肥肉吃——天知道你喂我吃了多少，不然我怎么现在看到了肥肉就觉得恶心呢？

这条围巾从学校织回了家里，回了家里，我又三天打鱼两天晒网只顾着和电脑亲密幽会，本来想着在除夕那天织好了然后偷偷放在你枕头边上第二天给你一个惊喜，结果又给春晚耽误了。总之这个事儿拖啊拖啊，终于还是在我走之前拖出了尾巴。

你把围巾拿在手里，傻愣愣地说，“不错不错，很好很好。”

我说，“你戴着呗，我给你拍一张。”

你赶紧给围上了，一边念叨着，“好好，很不错很不错。”诶，我说你的形容词怎么就那么匮乏呢?

按理说对你的爱绝对可以把你映衬成偶像剧里的男主角那样儿，周身散发着柔柔的白光。可是，最后因为光线太暗没有拍成。

“您老出门得围着啊~”

“这条围巾，除了有重大事项我围着出去，其余时候它都是珍藏版。”

哎哟喂，听您这么一说，我没来得及捂着嘴巴就笑开了，“人家正式场合都是西装革履的，你围个围巾像是什么样子呀。”

哪知道你脖子一梗，“这是我女儿的心！”脸上洋溢着骄傲。

在最好的年华里，我用了一季的时光织一段情献给你，这是我，给你的爱。

如若岁月不再伤感

西　子

1

我抬头望着天花板，看着周围奋笔疾书的同学，再看一看黑板上的作业，顿时觉得学习枯燥无味。我不懂为什么要做这些，为什么每次都要考“A”给父母或给老师，难道就为博他们一句赞扬还是微笑。

想着想着，我突然有种逃课的冲动，我承认我被自己这个突如其来的想法给吓一跳。长这么大，还真没尝过逃课是什么滋味，再看看这周围压抑的气氛，心一横，也不管后果是什么，毅然跑出了教室。走到校园围墙边，我还是迟疑了一下，但最终冲动战胜理智，我直接翻墙而过。

第二天，我站在办公室里接受教育时，看见你急匆匆地赶了过来。走到我面前时，二话没说，就扇了我一巴掌，然后一个劲儿地对着班主任说：“小孩子不懂事……”

我捂着右脸冲着你吼“我不是小孩子，我明明白白地知道我现在在做什么，也清清楚楚地知道后果是什么，我不要你管”，然后跑了出去，不管你皱起的眉头。

走在路上，心难过得想哭，但右脸火辣辣地疼。天知道他用了多大的力，心里的难过一点点变为了恨，那一晚，我第一次彻夜未归。

我在网吧待了一整夜，玩着飞车。而外面，你骑着摩托车四处找我。凌晨四点，你在网吧找到了我，把我拎回了家。

一到家，我原本以为你会狠狠地揍我一顿，可你什么都没说，独自走进了卧室。我站在客厅，看到你这样，心里反而害怕了。我宁愿你打我一顿都不愿意看见你这样，至少你打过我后我会舒服点儿，而不是像现在心里发麻，不知道后来会发生些什么。

早晨醒来就看到你在厨房忙碌的身影。你回头看见我起来了，冲我笑着说："起来啦，快来吃饭，爸爸理解你昨天的做法了。"当你把头转过去的那刻，有许多银白色的光刺伤了我的眼睛。

一夜之间，你的头发竟然白了这么多，老了这么多，我不知道你昨天心里想了些什么，但我知道，你在担心我，担心我出意外，担心我走不归路。

十六岁的我，让你操心白了头发。

2

中考失利时，我本不打算读高中了。你跟我谈了一晚，告诉我读书是为自己好。"以后你活得好，我与你妈十分高兴，过得不好，我们和你一起难过，我们不指望你以后长大了为我们做好多，我与你妈都有积蓄，你只要不当啃老族就好了。"我不知道后来怎么走出你的卧室的，怎么点下了头，只知道我回到自己的卧室大哭了一场，只为了那句"你自己活好就行"。那一刻，我才突然发觉父母有多爱我。

你再来学校是在家长会上，班主任在讲台上表扬了我，你坐在我座位上，听着我的名字，背挺得直直的，脸上止不住地笑。会后，许多家长来问你怎么教育我时，你像个孩子似的害羞了，还说孩子自己很努力、很勤奋。那一刻，我看到你脸上的是骄傲。

一路上，你什么都没有说，只是在偷偷地笑，我站在你右侧，看着你脸上孩子般的笑容，心里很高兴，我已经很久没看见你这么笑过了，做一个让你骄傲的女儿，其实很好很好。

3

现在，日光下，我看见你的头发，心里难过死了。才四十出头的你却有着五十岁的头发，我哇的一声哭了出来，你微笑的脸骤然停下来了，紧张地问我怎么了，受什么委屈了。我抱住你，呜咽着说："爸，对不起，我很不懂事，让你操心了。"

"傻丫头。"你拍了拍我的头，轻笑了一声。

十七岁的我，成熟了许多许多，也成了值得你骄傲炫耀的女儿。

岁月，我懂事了，你能不再伤害他了吗?

谁的爱情不倾城

夏朝葵

田间小路湿滑泥泞，穿着软底布鞋的女孩儿很是艰难地走着，脚步微微有些踉跄，她双手紧紧地握着，手心里已渗出了细密的汗珠。她很紧张，一直在紧张。

站在她身旁的男孩儿笑了笑，自然而然地牵起了她的手，似是安慰她却又像是在说服自己般，“我妈又不会凶你，你这么紧张干啥？”女孩儿一听这话，一双眸子瞬间变得晶亮，心里也踏实了不少，却还是逞强道：“哪是怕了？分明是这路不好走。”男孩儿也不与她争辩，低头轻轻地笑了一声，握着她的手更加紧了紧。

他只知道，这一生，爱了，就要牢牢地牵住她的手，不能在茫茫的人海中丢了。

若是有人能将这一幕拍下来，那必是一张极温馨的画面，执子之手，与子偕老，这多好。

终是见到男孩儿的母亲了，女孩儿早前是见过她的。那是一个满头华发瘦瘦小小的老太太，她的皮肤柔软而松弛，形成一道道弯弯曲曲的小细纹，轻轻地依附在骨骼上，像一个干瘪的杏。只是她的眼神犀利得很，那双饱经沧桑的眸子，承载着太多女孩儿不知道的东西。

男孩儿瞅见女孩儿只是傻愣愣地站着，也有些急了，小声提醒她：“快叫‘妈’呀。”

女孩儿回过神，想到以后她就是自己的婆婆了，不觉面颊羞红，软软地唤了一声“妈”。男孩儿的母亲只是点头，算是答应了，接着她又对女孩儿说：“你既是这家的人了，便要遵守家里的规矩，我虽是没知识没文化，可是懂得也不比你少，以后家里的大事小事你也得张罗着，什么也不干，只怕惹乡里乡亲的笑话。”

女孩儿的脸色变了变，却也是喏喏地点头。男孩儿递给她一个无奈的眼神。女孩儿苦笑，婆婆这算是给自己的“下马威”吗？

婚宴布置得很简单，只是在院子里摆了宴席，宾客寥寥，看起来冷冷清清的。可是女孩儿却不在意，她望着男孩儿笑得弯弯的眉眼，也是满心欢喜，就连婆婆冷冷的眉梢上也染上了点点笑意。

她似乎是把生活想得过分美好了，没料想到的事情却接二连三地发生了。原来男孩儿并没有看起来的那么好，他不稳重，不踏实，醉酒后的脾气也是很不好的。

女孩儿喟叹道：当真是今是昨非啊！

可是日子还是得继续过下去，纵使他有种种的不好，她也是喜欢他的。他是这个家里唯一能带给她依靠的人。

男孩儿外出工作的时候，女孩儿便在家里做些针线，缝纫机上的缝缝补补倒也能赚些钱。

婆婆待女孩儿不好，每每与她说话都是冷言冷语的，即使女孩儿把家里打理得再好，也换不来婆婆的满意微笑。女孩儿觉得孤独委屈，她想到了自己的父母，永远是那样和蔼可亲的模样。

秋风露凉，晨光熹微。女孩儿早早地起身到了厨房，做好了一碗热气腾腾的鸡蛋羹。婆婆这些日子犯了哮喘病，整日咳嗽。女孩儿心道，若是再这样咳下去，可就咳坏了身子了。以后每日做碗鸡蛋羹，暖暖心肺，也没什么坏处。

此时，天已大亮。她把碗端到婆婆屋里，说，“妈，给您做了碗鸡蛋羹暖暖肺，您趁热喝了吧。”婆婆搭眼一瞧，眉峰皱起，怒道：“尽知道糟蹋，鸡蛋很便宜是吗？一点儿也不知道节俭！拿出去，我不吃。”女孩儿怔住，张了张嘴想要再说些什么，却仍是听到一声怒斥。女孩儿泪凝于睫，端了碗回到了卧房。她不懂，她处处迁就，为婆婆着想，怎么到头来还是受到训斥。

很快，男孩儿便不会是她的唯一依靠，她也不会再感到孤独，因为她的肚子里正孕育着一个小生命，一个能带给她快乐和幸福的小生命。

女孩儿没想到，原来这里的封建思想是如此根深蒂固，她轻蹙着眉头，怀抱里是她正在安睡的小女儿。女娃娃正沉沉地睡着，微微有些鼾声，看起来是那样讨人喜爱。

那日，产房里的她有些期待地看着婆婆，当婆婆看到生下来的是个女娃娃的时候，仅仅是瞥了一眼就甩袖离开了。女孩儿的心被婆婆冰冷的眼神浇得冰凉。

坐在她身旁的男孩儿对这个女娃娃是极其喜爱的，他看见女孩儿焦虑的面容，紧紧地握住了女孩儿的手，定定地说了一句：“她是我们的孩儿子，你不必挂心那么多。”女孩儿看着男孩儿，有些释然，满心感动，这是他们的孩儿子，有他们喜欢就够了。

流光容易把人抛，这是最残忍的一句话。

根根银丝以一种不经意的姿态出现在了女孩儿的乌发中，曾经姣好如净月的容颜也染上了风霜的痕迹。男孩儿俊挺的身材也有些发福了。不知不觉中，他们相携走过了十多年。

男孩儿依旧是那样爱玩闹，喝点酒后便会拉起女孩儿的手比一比谁的手劲大，就连女儿也在煽风点火地喊着“妈妈加油”。女孩儿笑着摇头，可笑容里却盛满了暖暖的温情。

十多年来，他们吵过架，也冷战过。每每那时，他们便总会顶着“横眉冷对千夫指”的表情去斜睨着对方，无非就是为了生活中的琐事。男孩儿想要和好的时候，便会买来女孩儿最喜欢吃的点心，却仍是嘴硬道：“是看着便宜，在路边上买的。”女孩儿当然是知道他的，脸上装作不情愿的表情接过点心，可心里还是乐开了花。若是女孩儿想要和好了，便会做男孩儿最爱吃的菜，也会洗掉那些因为赌气而不给男孩儿洗的衣服。她从不说什么，可是男孩儿是懂得的。

十多年的记忆，是那样美丽，可他们却不常提起，只是将它小心地藏在心底。

他们知道，即使记忆不说话，流年也能开出花。

他，是我的爸爸。

她，是我的妈妈。

和芭比一起

五季goblin

1

你说你喜欢芭比娃娃，大大的眼睛，长长的头发，还有标准的瓜子脸，个个都像仙子一般，你常常把自己比作公主，在她们中间跳舞。的确，你有做公主的资本，大大的黑眼睛，乌黑顺直的长发，漂亮的脸蛋，不像我假小子一个，齐耳的短发，单眼皮。每次和你一起上街，遇到认识的人你都会刻意避开，似乎特别不愿听到“你弟弟真可爱”这句话，为什么呢？权当我是你弟弟不行吗？我不会在意的。

2

其实，我一直想说，我也喜欢芭比娃娃，就像你喜爱她们一样，我也为她们着迷。可是，我觉得我不配，因为我是假小子，不配做公主梦。我心里这样想。于是，每次爸爸带我去玩具店，我都会直奔变形金刚、高达，不敢回头，因为我怕会被身后的芭比娃娃所吸引。但是那一次，我没有经得起诱惑，趁你不在家，偷偷溜到你的房间里，拿出了那个大大的玩具盒，快活地和芭比娃娃一起玩耍，但我心里十分不安，唯恐被你发现。你突然破门而入，先怔了一下，然后“啪”的一声，我的左半边脸火辣辣地疼，你没好气地吼道：“谁让你进来的，滚出去！”我吓坏了，甚至都不知道自己是怎么走出你的房间的。

3

之后的很长一段时间里，只要有你在的地方，我都尽最大可能地避开。这样在咱家就出现了戏剧性的一幕：开饭的时候，桌上明明放着四副碗筷，却只有三个人围坐在餐桌前吃饭。然后，冰箱里的东西总会无故“失踪”一些，这样过了好长一段日子，你应当发现，妹妹人间蒸发了。我不知道当时你心里是什么感觉，是愤怒还是懊悔？但我可以肯定地告诉你，我一直很恐惧，怕你还在生我的气。你那么优秀，芭比娃娃应该是属于你的，相对于你而言，我只是一粒芥子，不值一提，我怕你，更怕和你在一起。

4

十二岁生日那天，我安静地待在家里。不奢望精致的蛋糕、漂亮的礼物，只希望看到你对我笑，自从那次我碰了你的芭比娃娃，你一直没正眼看过我，视我如空气。到了傍晚，你，爸爸，还有妈妈都没有回来，我最怕黑了，晚上更是不敢一个人待在家。于是，我趁天还没黑，飞快地跑到了奶奶家，却发现奶奶也没在家。邻居家的王婶告诉我：“你姐出车祸了，在市医院，你奶奶早就赶过去了！”我一下子蒙了，顾不得太阳只剩一点点就要落山，飞奔向医院。两里多地竟然没有停下来歇一次，天黑了，我也没害怕，心中只有一个信念：姐姐在等我。

5

等我到了医院，看见了躺在病房里的你，身上插着好多塑料管子，头上和腿上还缠着厚厚的一层绷带。妈妈说，你可能醒不过来了，我拼命地摇头，倔强地反驳妈妈的说法。你那么优秀，那么坚强，一定不会有事的！我抓着你冰冰凉的手，一遍一遍地喊“姐姐”，可你都没有反应。这时，妈妈从床头的柜子里拿出了一个精美的盒子，一个角上还留有干了的血迹，上面的字条上写着这样一句话：“妹妹，生日快乐！”我失声痛哭……后来，医生说你成了植物人，但是若日日在你耳边呼唤，或许能叫醒你。全家人都看到了希望，于是，日夜轮流地在你耳边呼唤，我干脆把衣物带到医院，在医院吃住。一天，我换上了你穿小了的衣服，在口袋里发现了一个小纸团，我好奇地打开它，上面的内容再次让我泣不成声，上面写着：妹妹，对不起，我不该打你，不该对你发脾气，请原谅我，我的好妹妹……

6

我每天都抱着你的那些芭比娃娃，一遍又一遍地在你枕边唱着《老人与海》，那是你最喜欢的歌，我愿意一直这样为你唱歌，相信芭比娃娃也一定愿意，直到你醒来……

后记：三年了，姐姐都没有醒过来。但我坚信，她一直在努力，因为，她听得见妹妹在和芭比娃娃一起为她们的公主唱歌。

幸福，它是什么

呆呆说，幸福就是我有一颗你没吃过的糖，然后我看着你吃了一颗你没吃过的糖。

他说，他很感谢那个教他“呵呵”笑的女生，那个女生打开了他生命中一扇明亮的窗。希望他心底的阴霾从此一扫而空。希望他能笑着关心别人，让别人有机会笑着关心他。

我说，呆呆，你给的糖特别好吃，我舍不得分别人一点。你的关心特别温馨，即使你对很多人都很关心。

我说，你在的时候特别温暖。有你，很温馨。

左　眼

笑靥如花

1

在你的生命里，有没有遇见过这样一个少年，在你最为失意落魄时，像一束阳光照亮你的世界。

沐小夏又想起那一天，那个少年，那段时光。

沐小夏八岁时，在与小伙伴们玩耍的过程中左眼不幸撞上了桌角，血沿着沐小夏的左眼不断流出，红了沐小夏的脸。医生说，这一辈子沐小夏的左眼都看不见了。

至此，沐小夏的左手边便是一片黑暗。

沐小夏是个开朗的孩子，悲伤过后就是坚强，她想着，左眼失明了还有右眼，她还可以看见五彩的世界，她还是个幸运的孩子。可是，老天似乎不喜欢沐小夏，四年后，一场车祸带走了沐小夏爸爸的生命，而半年后，沐小夏的妈妈不甘贫苦，也消失得无影无踪。

原本和乐融融的家如今只剩沐小夏和年迈的奶奶。

奶奶为了能让沐小夏继续上学，一把年纪还下田种地，不分昼夜地劳作。

沐小夏变得孤僻，不愿与人交往，躲在自己狭小的黑暗世界。她恨她的妈妈，恨那个女人，沐小夏想，这一辈子自己永远也不会原谅她。

沐小夏学会了麻木，就像现在，她麻木地被村子里同龄的孩子围在中间，麻木地听着一遍一遍不堪入耳的话语："死瞎子，死了爹，跑了娘，活该没人要。"

沐小夏麻木地流泪，麻木地等待孩子们没了兴趣后自动离开。

在一遍遍重复的话语中，有一个极为突兀的声音响起："你们在干什么？"

沐小夏忘记了流泪。来人是个少年，那声音极具穿透力，一层一层直击她的内心。

孩子们仗着人多没有走开，倒是少年一句话吓住了他们："你们要不走，我就报警了。"

村里的老人常教导孩子，做错事警察会抓他们坐牢，少年这句话，怕事的孩子才不情不愿地离开了。

在沐小夏低头的视线里，少年穿着一双黑色帆布鞋，上面沾染了些未干的泥土。

"你还好吧？"

沐小夏抬头看少年，眼角的泪就汩汩而下。

2

少年叫容景，比沐小夏大一岁，这次来村里，是接住在村里的爷爷奶奶回城的。

容景，沐小夏在心里默念，真是个好听的名字。

城里的孩子仿佛天生就有打破砂锅问到底的本性，在容景的再三追问下，在沐小夏的反复思想挣扎下，沐小夏还是决定告诉容景自己的事，当然，包括她恨的妈妈，包括让她自卑的左眼。

没有想象中的嘲笑，少年像大人一样沉思了一会儿，坚定地拍胸脯说：“你别怕，以后，我做你的左眼。”

沐小夏笑了，可是笑着笑着就哭了，一发不可收拾。

少年，你知道吗？这是她听过最动听的话。

眼泪止不住地打湿沐小夏的视线，模糊了少年那张干净清秀的脸。

少年履行了承诺，做了沐小夏的左眼，他会站在沐小夏的左手边，告诉沐小夏左边有多少个人，多少辆车，多少朵云，多少房屋，告诉沐夏一切她所看不见的事物。

沐小夏头一次为自己左眼失明而开心，她沉浸在被人无限呵护的幸福之中。

沐小夏和少年像两只无忧无虑的鸟儿，自由自在地在村中飞翔。他们溜到河边捉虾，一无所获，反而成了落汤鸡；他们爬到树上掏鸟蛋，又害怕鸟妈妈担心重新把鸟蛋放回鸟窝；他们平分一个馒头，津津有味，仿佛那是人间最好的美味。

那几天，是沐小夏自从没了父母后最快乐的时光。

少年是一个梦，而梦终有尽头。

少年还是要离开了。

沐小夏红着眼眶问：“你还会来吗？”

“不会了。小夏，我要在×城等你，那时，我还做你的左眼。”

沐小夏感觉心中某处一点点坍塌了，留下一个空洞，空得发凉。

×城，成了沐小夏最向往的地方，那儿，有那个少年，有她的左眼。

3

沐小夏不再害怕他人的嘲笑，每当挨不过时，她就会想起少年，这样所有的苦难仿佛都沾了蜜。

×城，沐小夏常常幻想的那个地方，该是像仙境一样的地方，养出像花儿一样的人。沐小夏也常常幻想，彼时她到了×城，少年笑靥如花地对她说："我还做你的左眼。"

沐小夏十七岁那年，消失了五年的妈妈回来了。

沐小夏的妈妈改了嫁，近来生活好了，她的男人才答应她带回沐小夏。

沐小夏的奶奶为了让孙女过上好日子，忍痛劝沐小夏跟妈妈走，可无论沐小夏的妈妈哭得如何撕心裂肺，沐小夏也不依。

直到沐小夏听到那个城市的名字，×城，她妥协了。

村里的人都认为沐小夏被城里的生活吸引了，只有沐小夏知道，那儿，有一个等她的少年。

临走时，奶奶老泪纵横："要听你妈妈的话，好好学习，有空来看看奶奶。"

沐小夏哭得一塌糊涂。现在，她也变成一个冷血无情的人了，弃相依为命的奶奶而去。

可沐小夏还是走了。

沐小夏踏上×城的那一刻，从未有过的狂喜。

少年，你知道吗？我离你近了一步。

继父与妈妈有一个两岁的孩子，因此，继父对沐小夏并不上心，找了一个学校让沐小夏入读也就没过问了。

×城说大不大，说小也不小，但沐小夏还是遇不见少年。

那个长大的少年该会是怎样的呢？是否较之前更加好看呢？是否还记得自己呢？是否还愿意做自己的左眼呢？

想着想着，沐小夏就笑出了声。

4

沐小夏听同学们说过，回家的路上会有小混混向你收取保护费，但真正碰上时，沐小夏还是吓得手心出汗。

沐小夏快速扫过那群小混混的脸，年纪不大，夹杂着江湖的稚气。

沐小夏突然盯住其中一人的脸，有些陌生，有些熟悉，似乎在很久以前见过，可沐小夏想不起来。

“呦，容景，这小妞看上你了吧！”

放荡的声音把沐小夏打入了万丈深渊。容景？她心心念念的少年？

沐小夏全身僵硬，死死地盯住少年的脸，少年也在打量她，不知道在想什么。

沐小夏毫不反抗让他们搜包，一无所获之后，为首的爆了句粗话：“妈的，什么都没有！”

这句话把无尽思绪的沐小夏拉回了现实，她濒临崩溃地吼道：“容景，你还是我的左眼吗！”

沐小夏毫无形象地泪水决堤了，在一片水雾之中，沐小夏看见小混混们嘴里念念有词，不情不愿地离开了。

少年认出了沐小夏，站在因悲愤而浑身发抖的沐小夏面前，轻轻地说了一句，“对不起。”

待沐小夏想回应时，天已经完全暗下来了，幽深的小巷里只剩苟延残喘的老路灯发出的微微光亮。

少年，你知道吗？我的左眼已变了样。

沐小夏哭了整整一个晚上。

这一定是老天给她抛弃奶奶的惩罚。沐小夏伸手遮住了右眼，陷入一片黑暗。

沐小夏觉得，一直支撑她的梦支离破碎了，连残渣都不剩。

5

第二天，沐小夏给奶奶打了个电话。

电话那头是奶奶如用久了的摆钟有些低沉的声音：“孩子，别哭，每个人都有犯错的时候，而犯了错在于他能不能改，你明白吗？”

沐小夏泣不成声，在奶奶看不见的电话那头重重地点头。

沐小夏四处打听少年的事。

少年的父母在年前离了婚，离异的父母只会用钱打发少年，渐渐地，少年才走上了歪道。

沐小夏联想到了自己，若当年没有他的一句“我做你的左眼”，自己会不会也是这个样子？

少年，你知道吗？你曾用你的善良拯救了一个迷茫的人儿。

沐小夏找不到少年，后来，沐小夏听说，学校附近的小混混进了拘留所，少年也在其中。

沐小夏一大清早买了一束太阳花站在拘留所的门口，今天，是少年离开拘留所的日子。

少年，沐小夏想告诉他，谢谢你在我最低谷时陪我走过那段时光，还有，请你继续当我的左眼，好吗？

阳光热烈得让人睁不开眼，沐小夏觉得，她失明多年的左眼仿佛又重见了光明。

天黑请闭眼

木各格

这注定是个不同寻常的夜晚，只是一开始我并没有意识到。

开灯那一瞬间，我被眼前的景象吓了一跳：原本整洁的客厅一片狼藉，更触目惊心的是，一道血掌印从门边由深到浅一直延伸到我同宿的门口，伴随着周遭斑斑血迹，看上去像某位受伤人士准备逃离却被人强行给拖了回去——侦探悬疑剧里的诡异镜头在我脑子里不停闪现。

不知是吓傻了还是脑子被门卡了，见到这样的情形，我竟然没有第一时间报警或者喊保安，而是掏出touch将犯罪现场拍了个遍，然后蹲下身检查地板上那些可疑的血迹，可惜咱不是福尔摩斯，除了越看越觉得恐怖外实在没研究出个所以然来。

于是，我小心翼翼地用食指沾了点那些红色稠状物体，忒专业地用拇指将它们轻轻搓揉开，并凑到鼻子下闻了闻，然后我意识到自己的脸色变了。

就在这时，我听到同宿的房间里传出了细微的声响，于是，鬼使神差般，我将一直扛着的包放下，秒速飘移了过去。

“打扰了。”敲了几次门都无人回应后，我深吸一口气转动把手将门推开，映入眼帘的是一片漆黑。

正当我准备开灯时，一硬质玩意儿悄无声息地抵在了我的后背，根据接触面感知，大小似乎跟手枪的口径差不多。

“别转头，保持安静，不然我就开枪。”一道刻意压低的声音在身后恶狠狠地响起，听口音是美式英语。我目瞪口呆地站在原地。

“把钱包、卡和密码交出来。”还没等我感伤一番，美国腔又发话了。

“在那里。”我反手指了指门附近躺着的背包，然后美国腔便让我继续保持朝前看的姿势向门口靠近。

我瞟了一眼墙上的钟，23：47。“很晚了，也该洗洗睡了吧同学。”我淡淡地甩出句，咱可还没洗澡呢，再折腾下去那得多晚才能睡觉啊。

“闭嘴！”明显愣了几秒之后，美国腔厉声道，还不忘推我一把。于是我顺势向前跨了一大步拉开距离，迅速转身，用一个要是让我先前的跆拳道老师看见估计掐了我的心都有的下劈将我身后那哥们儿手中的马克笔打落，顺便有些幸灾乐祸地看他抱着手在一旁疼得直跳脚。好吧，我承认我是故意的。

“计划里可没有这一出啊我说！”那个我看着面生的哥们抱怨道，紧接着，我同宿跟他的几个朋友哗啦啦从房间和厨房里涌了出来，脸上的表情贼欠抽。

“居然没吓成功，我还觉得布置得挺好呢，怎么就看出来了？”一跟我挺熟的姐们儿问道。

“柜子上多出的鞋，厨房里细碎的声响，还有那些‘血’，闻了之后基本就暴露了。”我看着那几个家伙失望的表情倍儿得瑟地解释，“话说回来，你们到底拿了人家麦当劳多少番茄酱啊？！”

“那么晚还不回去，你们不会又打算在这过夜吧？”蹲在墙角看几个自作孽的家伙收拾“犯罪现场”时，我突然意识到这个严峻的问题。

“是准备干坏事，不过不是在这里哦。”其中一个加拿大女生施施然转头看了我一眼，笑得忒欢乐，“格子也加入吧。”

我眼皮非常应景地跳了跳，“这个……还是算了吧，我……”

“TPing哦。”我同宿头也不抬地甩出句。

“果断加入！你们打算什么时候去，东西都准备好了吗？”这可是我慕名已久的玩法啊，听我一美国老师说，她上高中那会儿最神勇的一次就是和朋友去挂当地的警察局。

“等会儿，”同宿答道，顺便朝他旁边的两朋友摊开手掌，“我就说嘛，这家伙没表面看得那么乖，你们还不信，十块钱。”末了还不忘得意地冲我一挑眉。

收拾完毕，我们几个人扛着好几卷卫生纸倍儿兴奋地挤进一哥们儿的车里，浩浩荡荡地朝他家所在的小区前进，目标是跟他住相同地方的一位美国老师家，确切说是他家后院里面的树。

过了门卫那关把车停好后，我们一伙人鬼鬼祟祟地奔向目的地，确定四下无人后开始拉开卫生纸跟挂绸缎似的往树枝上甩。

“好像有人过来了。”正当我们挂得倍儿欢畅时，不知谁提醒了句，于是几个人赶紧把手里的东西一收速速散开。我被一个姐们儿给拉到了一片花丛后面，小心脏跳得比小鹿乱撞还闹腾。

屏住呼吸等了许久也没听见有人靠近，我们探头探脑地溜了出去，用极具艺术观赏性的手法将剩下的卫生纸绕到树上，然后旁边一个哥们儿特心满意足地说了句：“真是完美啊。”

正当我准备应声赞同时，一束光柱从远处扫了过来，在离我们两米远的地方打了个转。

“Oh，no！是保安，大家赶紧回车里！”话音刚落，一行人立马撒腿就跑。“逃亡”过程中我还不忘回头看看自己的杰作，可惜月黑风高实，在找不着个清晰的影儿，看来这种夜晚果然最适合干坏事……

后记：自从上次万圣节不小心被我给吓到后，我同宿跟他几个朋友就一直“耿耿于怀”，企图“雪耻”，于是制造了这个颇为失败的“犯罪现场”。不过，我怎么可能告诉那几个家伙，其实刚开灯看到客厅里的情形时，咱还真有点被吓到了。

所谓TPing就是用卫生纸跟彩带似的往人家树上绕，当然，前提是你挑衅的对象知道并且接纳这种恶作剧。所以同学们还是谨慎点，万一人家不了解不接受，被拖去抽鞭子那可真就凄凄惨惨戚戚了。

幸福，它是什么

幻小辰

呆呆说，幸福就是我有一颗你没吃过的糖，然后我看着你吃了一颗你没吃过的糖。

他说，他很感谢那个教他“呵呵”笑的女生，那个女生打开了他生命中一扇明亮的窗。希望他心底的阴霾从此一扫而空。希望他能笑着关心别人，让别人有机会笑着关心他。

我说，呆呆，你给的糖特别好吃，我舍不得分别人一点儿。你的关心特别温馨，即使你对很多人都很关心。

我说，你在的时候特别温暖。有你，很温馨。

小白说，幸福就是你不瞪我，我就心满意足了。脑袋少根筋不是我的错，参考答案明天还你就是了。

她说，她喜欢陪我一起疯的日子，她喜欢那段我们狂翻言情小说的日子，她喜欢我温柔地看着她那少有的瞬间，她喜欢我们互相背对对方，把食指指向天。小黑不黑，可是小白很白。

我说，小白，牵手要尾指勾住尾指，吻别要用大拇指摁住大拇指，加油要用拳头撞拳头不怕疼，我特别喜欢从后面抱住你。

我说，小白，有你我不孤单，有你我很幸福，有你的时候，我就是我。

桌桌说，幸福就是想买东西的时候口袋里刚好有足够的钱。幸福就是伤心难过想哭时，我刚好在她旁边。

她说，她会常常想到她的以前，感叹她的改变。她以为她已经可以淡然面对心里赶不走的那个人了。可为什么后来在街角偶遇他，自己选择了转身离开。

我说，桌桌，你有时候真的叽叽喳喳吵得人头晕目眩，你有时候真的寂静得让人想要一巴掌拍晕。你总爱说这个他那个他对我有好感，你总爱看着我摇摇头说一句红颜祸水，你总让我破坏形象。

我说，桌桌，有你，我不会掩饰自己的喜与怒，有你，我可以发泄我的泪我的伤。有你，我很真实，有你，我很安心。有你真好。

纯真年代

唐 柠

刚上初二的时候，看着学校里初一年级的学弟学妹们稚嫩的脸庞，我忽然就觉得自己一下子长大了好多。林苗的转学让我难过了好一阵子，因为很长一段时间身边都没有一个可以像她那样安静陪伴的朋友出现。

仍然和表姐姚丹一起住在一个租来的小房间里，偶尔有睡不着的夜晚，我们会窝在被子里说悄悄话，时不时咯咯地笑出声来，那个时候，连空气里都充满了我们青春的气息。

姚丹偷偷喜欢着姜坤是我早就知道的事情。

姜坤长得一点儿也不帅，还是班主任周老师的外甥，表姐喜欢谁不好偏偏喜欢他。直到后来，某个男生住进了我心里，我才懂得原来喜欢一个人真的不需要那些自己预设的硬性条件。

有节晚自习我自作主张地写了张纸条给姜坤，问他觉得姚丹怎么样。不知道是因为害羞还是别的什么原因，直到快放学了他才慢吞吞地回复了我："我喜欢她。" 之前我对姚丹说什么来着？我一遍又一遍不厌其烦地对着表姐嚷嚷："其实我觉得姜坤他喜欢你，真的，他每次看你的眼神都不一样，而且你还长这么漂亮。"可是姚丹总是怪我拿她开玩笑。

晚上回到住的地方，我把纸条拿给表姐看，她站在灯下一动不动地看了好长时间，然后突然一下跳起来抱着我说："小童，这样子是不是就开始算恋爱了啊。"我感觉她开心得都要飞起来了。

后来他们两个在一起了，我总觉得自己功不可没。

我把表姐和姜坤在一起的种种细节都告诉了林苗，通过写信的方式，末了我还强调如果可以的话帮我找一两个人做笔友。那是我第一次收到署有自己名字的信件，而且一下两封，我不知道怎么形容我当时的惊喜。

林苗她真帮我找笔友了，看到是女孩子名字的时候我心里微微有些失望，其实我更希望我的笔友是男孩子，因为异性总是来得更神秘一些。

在断断续续的信件往来中，我和笔友慢慢熟络起来，她总说要找机会来小镇看看我，不过在时间这么强大的东西面前，直到我们渐渐断了联系都没有见过面。

倒是林苗在来信里总是劝我，要把心思放在学习上，大家都还小，你也不要再去帮别人牵红线了，那是月老的事情。看到信笺上工工整整写着的这些字，我很惭愧地意识到，林苗虽然比我小，但真的像个姐姐一样，比我懂事多了。

开学不久，班主任就任命我当纪律班长，说白了，这就是个卖力不讨好怎么做都得罪人的差事，只是当初虚荣心膨胀的我并没有意识到这些就乐呵呵地接了过来。

我并没有想过会有人因为被我记了名字伺机报复，其实说报复有点严重了，那个男生好像时刻监视着我，我只不过是在上无聊的物理课时偷偷把录音机拿出来听了几首歌，结果下课时这件事就告到班主任那里去了。

被班主任叫到办公室谈话的时候，我心里别提有多委屈，老师问我上课有没有拿录音机听歌，我小声地说没听。那个被我记过名字的男生显然是急了，连忙反驳说："明明就听了，我亲眼看见的！"

班主任叫来了我的同桌Z，他微微斜着脑袋看了看我然后一脸坚定地对老师说："没有。" 我如释重负地吐了一口气，然后对班主任说："老师，这个纪律班长我不想当了。"

我一直很感谢Z在班主任面前帮着我撒谎，只不过我并不知道怎么去表达我的感激。这么敏感的年纪，男生和女生之间的关系稍微拿捏不好经过旁人的眼睛都会变质。

在Z请了一个星期假的时候，我突然听到班级同学的议论：Z的妈妈出车祸去世了。

Z回来之后，我不止一次看到他上课的时候听着听着忽然眼泪就掉下来，然后他就把头埋下去试图不让别人看见，笨拙的我不知道要怎么去安慰他，就只好一遍又一遍地对他轻声说："Z，你别哭了，别哭了。"我还写了很多温暖的纸条递给他，一张又一张，写得无比真诚委婉。我想这是我长这么大以来最柔软的时候。

过了很久很久之后，Z终于恢复正常，他会断断续续讲他的故事给我听。他说："因为从小她就把我扔给了爷爷奶奶，从来都不在乎我，所以她在的时候我倔强地从来没有叫过她'妈妈'，总是用'唉''喂'这样的字眼儿称呼她。可是现在，我连认认真真叫她一声妈妈的机会都没有了。"

"别太自责了，都会过去的。"我说完这句话的时候Z突然对着我扯出来一个微笑，看着他比哭还难看的笑脸，我的眼泪差点儿掉下来。

是在下第二节晚自习的时候，隔壁班的好友突然塞给我一张纸条，然后对我意味深长地笑了一下就走开了，我隐约感觉到什么但还是努力让自己保持平静，或许是自己想多了也说不定呢。借着走廊里昏暗的灯光，我把纸条打开迅速看了一下，果然是一封蹩脚的情书，我快速把纸条折起来握在微微出汗的手心里，心扑通扑通跳得厉害，紧张惊喜又觉得莫名甜蜜。

有着那么优秀成绩的他竟然会喜欢我啊。我早就知道他的名字，隔壁班的理科尖子，在整个年级都有他的传说。

纸条上除了一句英文再没有任何暧昧的字眼，后来我把这张纸条夹在钱包的最里层，时不时偷偷拿出来看两眼，然后膨胀的虚荣心就得到了前所未有的满足。

我没有给他任何回复，后来在校园里碰到他的时候我飞快地跑开了。其实我观察更多的是那个和他一起走的男生，长得特别像《杨门虎将》里的杨七郎，还有一个最主要的原因是他和我一样长了白头发，这让我无形中觉得他和我是一类人，这只是一种同病相怜的感觉，和喜欢无关。

之所以没有回复理科尖子写来的情书，是因为我有喜欢的男生，而且就在他班上。

我喜欢郭成很久了，只有我表姐姚丹知道这个秘密。

郭成喜欢李宇春，是我悄悄打听到的。于是当初连明星是什么概念都不知道的我开始到处买李宇春的海报贴纸，关注和她有关的信息。总感觉模仿他的习惯就会离他更近。

我还借着自己是班里的文娱委员之便，在音乐课上教大家唱李宇春的歌。没有人知道，我扯着嗓子唱得那么大声只不过是想让隔壁班的郭成听见，我想让他听到我在唱李宇春的歌，我想让他认识唱歌的我。

我不止一次地设想等自己有足够勇气了去向郭成表白该用怎样的台词，他会用怎样的表情对待。

只是，事情没有朝着我想象中的框架发展，我从来都不是一个足够自信勇敢的人，所以我的暗恋漫长得不见天日。

班主任在教室门口叫我名字的时候，我正在做一道让人无比纠结的语文多项选择题。

站在走廊上可以很清晰地看到天上挂着的星辰，班主任的一句话彻底伤到了我看风景的心情，她说："我们班有哪几对你知道吧？"这样直白的问题让我在心里狠狠地惊讶了一下，然后小声应了句我不知道。

班主任一副"你别骗我了"的样子，胸有成竹地说："你们这群小孩子过家家，别以为我看不出来。姚丹和姜坤，某某和某某，某某和某某……对吧？"有句话怎么说来着，沉默就是默认。当时我低着头不说话的样子真有种"我是个十恶不赦的大罪人"的沧桑感，明明就是他们谈恋爱好不好，跟我没有一毛钱关系好不好，真是的。

老班在我沉默了好一会儿之后继续说："你应该没和谁在一起吧？"这会儿怎么知道委婉了，怎么不直接来句"你没谈恋爱吧？"嘁，我会告诉她我收到情书了吗？我会告诉她我暗恋隔壁班的那个谁吗？

这还用说，明显不会。

像所有校园情侣的结局一样，姚丹和姜坤包括那么多某某和某某最后差不多都因为种种原因分手了；林苗和我一直保持着书信联系；Z恢复到了就像从来没有受过伤的状态；给我写情书的那个男生喜欢上了他同桌；我暗恋的郭成和一个长得很像Ella的短发女生谈恋爱；我仍然把收到的那封情书夹在钱包的最里层，只是不会再时不时地拿出来看两眼。

我们的成长是一列上了发条的火车，开动了就再也停不下来，沿途所有平凡的单调的无聊的寂寞的抑或惊艳的时光，拼凑起来刚好是我们最好的年代，最真的存在。

最暖的记忆是因为有你们，一直在。

记 刚 哥

小太爷

暴老师姓徐名刚，但为什么有人叫他暴老师呢？

这里有典故。

徐老师生性不羁，好对学生拔刀……哦不，是施以热烈而真诚的教导，故被某届师哥送外号——暴老师。此师哥大概是活腻了，回家跟家长说的时候也说我们暴老师如何如何，而后一次偶然的机会，这位家长被徐老师请进了学校，在门卫遇阻，于是报上名号，“我找你们学校暴老师……”

是的，暴老师……

“不好好上物理课的，你们就在前面跑，我就在后面拎着砖头撵，打着算你的，打不着算我的，就这么决定了。”

“每次大考啊，凡是有物理考试的，我都在考试之后默默地去各大派出所交点保证金，打一个，就扣我点儿钱。”

敝校有个小规定，课前两分钟必须扯着嗓子喊歌。暴老师时常手持一杯热水，站在电脑前，仔细听我们唱——

“你说这女的这么痛苦，这对象还处它干啥呢？是吧课代表？”

课代表想了一会儿，艰难点头：“是啊……”

仔细观察——

“蜗牛背着壳不是好事儿吗？为啥唱得跟负担似的？”

我们想了一会儿，有道理啊。

总有真的猛士敢于在刚哥的课上睡觉，刚哥也总是温柔地走到他的身边，反正也不说话，就站着，对，就站着，然后观察。观察了几节课之后，刚哥终于发起了进攻："班长，以后再有睡觉的，我就给他带身睡衣。"

班长正诧异，心说跟我有啥关系呢。刚哥缜密的理科思维立刻补充："嗯，你找几个人帮我摁着给他换上。我要是忘带了，就拿粉笔给他画一身儿。"

画……一身儿……

刚哥是一个关心世界的人，他虽然有着在东北略……的一米七的身高，但我觉得他是思想上的巨人。学电磁的应该都知道有个东西叫电磁轨道炮，很好很强大，能比子弹射程远……呃……好多倍！是的，好多倍！但是需要高电压，高到我们都整不出来的高电压。刚哥不知道从何处收到消息，说美国整出来了，好多门，五十多门。

"美国非常狠，整出五十多门。"

我们当真事儿似的。

"每到逢年过节就拿出来放一放。"

刚哥，这是烟花吗？

说到这个交变电流的电压——我也是学到这儿才知道自己很土鳖的。以前只知道日本那边儿有230V的，很别扭，但刚哥说欧洲那边跟咱们的也不一样。

"哦？"我们瞪大了眼睛。

"嗯，同学们好好学习，为统一交流电而战。"刚哥眼里闪出灼灼的光来。他手里不是粉笔，而是法杖，白袍巫师徐刚举起了粉笔，微微一笑："来，我们接着讲下面的。"

刚哥字很秀气，和他性格大相径庭。一次他走后化学老师来上课，凯哥对着满黑板没来得及擦的板书幽幽叹道："字如其人！"伴随着秀气的字自然就有秀气的图，我直到现在都很好奇他们是怎么那么顺溜地把螺线管儿画出来的……

秀气自然就不会很大。

“老师，图太小了看不清。”

刚哥眯着眼睛：“你把眼睛睁大！”然后猛地睁大眼睛，“图就大了。”

刚师娘也是老师，教物理的，还在同一学年。刚哥某次向我们夸他的老学生，记笔记非常到位，上大学之后给别人补课，拿着自己的笔记当讲义。

“笔记记得好的，以后出去就说是我学生；笔记记得不好的，就别说是我学生了。”

我们默默沉思，然后接道：“就说是师娘的学生……”

好的大王，没问题大王。

刚哥表示干不过金诺，金诺个儿太高；刚哥表示最近压力很大，因为世界又不和平了；刚哥表示，就算世界不和平，金诺天天撵着要揍他，他也要喝热水。

自从本班科代表增多之后，我们偶尔就能看到这样的奇景：萱萱拿着刚哥的教案和一翻就没声儿的某韩国著名品牌的手机走进来，回座；尚游哥拿着今天要发的卷子走进来，回座；贾……纳尼？贾亮呢？

刚哥清清嗓子，开始讲课。

刚哥讲了一分钟。

两分钟。

三分钟。

贾亮拿着刚哥的杯子，悄无声息地走进来。

哦，课代表去哪儿了？课代表蹲在物理办公室的地上等水开呢！

再比如有一次刚哥让贾亮给他烧水，贾亮脑子就像一团电路一样搅在了一起然后绝缘皮被刮开瞬间短接——他把壶里的凉水去厕所倒了，然后又在洗手池子（注：这个地方也经常被用来洗拖布）里接了一壶凉水……而且还准备烧……哦，是的……

刚哥觉得他的壶被侮辱了。

不知道的以为他俩有仇呢。

……

关于市一中物理组教学小能手的先进事迹，我们先转播到这里。

最后送大家一句刚哥的名言：就像“整个浪儿的”（注：东北话，表示整个的，全部的）是一句文言文一样，“一个萝卜一个坑”也出自我国的经典名著《论语》。一个萝卜一个坑，大伙学物理，要趁早啊！

嗯，刚哥，我干了，你随意！

再补一刀：看完这篇文章，你觉得换成啥笔名，这条姑娘能获得新生？反正我是尽力了！

愿

峰小悬

1 老大

年轻时的你一定恨死过年幼的我。

我偷偷地翻看你的日记，将你晦涩的少女情结篇篇熟稔于心。我撬开你的存钱罐，摇晃出大大小小的硬币同小四一起去换糖吃。我在你无数次提醒我离电视远点儿后，同你大嚷大叫。

现在，日记中的半个字我都不再记得，却清楚地知道日记里生活着一个辗转且卑微着的我们。存钱罐的硬币早已空空如也，我对糖也没有了从前的偏爱。我也厌烦了早晨起床第一件事就是去抓恼人的眼镜，明明你是为了我好。

恍然发觉，我们已被时光硬生生地撕扯开一段距离。

后来在日志里，你说你想念这个曾被你咒骂过无数次的小城，你说你想念那段为了大学拼搏的高三时光，你说你想念那段触手可及的亲昵和嘘寒问暖的絮语，最后你说，你想念我。

再后来，你打电话来说，你遇到了爱情。我的心情荒谬得不可理喻。失落，亦如当年你拖拽着箱子离开家去那个人挨人人挤人的北京城里寻找一个铺展梦想的地方，偏执地认为你要丢下曾经和徜徉在旧时光中的我。慰藉，因为终于有一个人可以真真切切地在你身边，陪你彳亍于大城市的迷茫和彷徨，而不是同我一样只有游丝般的一吹即散的想念。

老妈偶尔会碎碎念你那个他的身高不高，工作不定。但我知道他对你好，这是最难能可贵也是可以让你受用一生的。知道你生性乐观，这种单纯的、来自内心信仰的乐观，使我深信你的日子会越过越好，你会越来越幸福。

2 老二

我永远无法体会你一个人窝在自习室内对着无数考研试卷奋笔疾书，以至于手腕有片刻的痉挛，却不晓得梦想路上的前方是鲜花还是悬崖的焦虑和迷惘。但我却明白海大对你有多么庞然的吸引力，那里是你早早便根植于心的梦想。

后来，你打电话来说你终于过了复试，老爸老妈的泪水溃不成军，他们哭你的付出终于有了对等的回报，你的梦想终于有了一个牢靠的底座，你会在上面修葺你最最华美的未来，那里会承载来自我们最平凡的骄傲。

老妈总是笑你心里记挂了太多东西，惦念我和小四有没有添衣服、惦念我有没有找到藏在地毯下的钥匙、惦念老爸骑着新买的摩托车有没有一路平安，甚至惦念我中考的时候有没有多带一把尺子。

你从小就没有太多棱角，你从小就注定乖巧。

在你动身前往大连前，还要带我和小四去某个广受好评的游乐园。其实我对跻身于一群蜂拥而至又遽然散去的游客里到一个水上公园里走一遭并没有多大兴趣，但是我和小四一定要去一趟，因为我想看到你为我们带来这一切时候的喜悦与幸福。

3 小四

写这些时，你正窝在沙发上跟着电视咿咿呀呀地合唱一段二人转。你是个多么调皮的孩子呀。去年冬天，我被肚子痛折磨得直冒虚汗。老妈煮了一杯红糖水，让你带到学校给我，你怕内蒙古零下二十度的气温冷了杯子，便把杯子揣在怀里，放在胸口暖了一路。用我同学一句又酸又矫情却很真的话说，这暖的不是肚子，是心。

你是这个世界上最爱我的男人，而我却是这世界上最爱你的三个女人之一，我总如是认为。

昨天上学前，正赶上你在套卫衣。忽然间发现你已经长到快一米七，一米五二的我再也不能夹着你的脖子招摇过市了。跟你开玩笑说楼下有一个女孩子在等你上学，你也不会咧着嘴昂着头歇斯底里地哭喊说没有，而是神情闪烁地怪笑着承认下来。

老妈去参加婚宴回来说，我们三个在你结婚的时候要给你的妻子塞一个大红包，我却理所应当地回说，三个姐姐赚的钱凭什么便宜了外人。

其实我自己也没想过我会对那个陪你度过一生的人如此排斥，也许咱们四个已经相依相伴十几年，心里再容不下哪怕多余的一个人了。

4 四个人

我不信佛，但我相信因果轮回，我不知道我上辈子诵过多少部经书，啖过多少顿素斋，叩拜过多少佛祖，接济过多少贫苦，皈依过多少生灵，才会让我们在此生相遇，一路同行，你们却是我最不愿舍弃的风景。

如此的爱，如此感激。

如果有来世，还和你们成为一家，这是我一生的夙愿。

B中的传奇老师

毕　夏

老　柳

老柳是教语文的，最令人百思不得其解的是他那未老先衰的模样，很黑，走路慢悠悠，说话也慢悠悠。

后来听到人说老柳今年三十五岁左右，全部哑然。嗯，老成。老成在百度的解释是——经历多，成熟稳重。经历多不多这我不知道，但老柳学识极其渊博，这点在他教文言文时最能体现。随便一个词，他可以追古溯今，关于这个词不同朝代的不同解释、不同叫法，他都能够娓娓道来，且还能问：这个词在以前学过的哪篇古文曾出现过？然后再吟上几句。

老柳个性温和，他有一双会笑的眼睛。尽管他没有上扬嘴角，但他的眼神却是充满笑意。他又极其细心，对于细节的关注登峰造极。

高二的教室冬暖夏凉，这是极好的，每天清晨还会有缕缕阳光给我们带来丝丝温暖。唯一不足的是换到最外排前门旁边的我们仨，每天都要经受阳光无情地泼洒在你脸上的洗礼，照照阳光是好的，但沐浴在阳光中早读未必是件好事。后来老柳察觉到了我们仨那苦情的脸，每次早读来巡班时都会轻轻地把门带上，出去时再关了。

治愈系暖男啊有没有！

方　　哥

方哥是高一时我们的物理老师，那年夏末，他刚刚大学毕业踏入了B中校园，第一次见到他，他说“我姓方，你们可以叫我方老师，也可以叫我方哥……”兴许是那种学生气质还未消散，方哥跟那群老师们相较之下，显得稚嫩了许多。

去图书馆搬书，老师问他：“你怎么没穿校服？”去教务处拿功课表，老师怒吼：“你干什么，进来也不叫人！”去晚自修问老师他要做什么，老师语重心长地说：“你要好好学习……”

方哥讲万有引力常量的测量那节课，他说：“接下来要讲一个你们很感兴趣的问题。”下面齐刷刷地接话，“方哥你有没有女朋友？”方哥说：“牛顿的成就基本集中在前半生。”可我们听到的却是“牛顿的成就基本集中在上半身……”那时小伙伴们是猛地一抬头啊，一秒后，爆笑全场！方哥竟然下意识捂住头发说，“我发型乱了吗？”

方哥上课前找不到圆规，想拿饼干盒里面又有饼干，于是他拎了个红色的垃圾桶盖来上课……方哥爱看火影爱玩Dota，周末经常跟一群男同学一起打Dota。后来，我们送方哥一横幅，顺便再照了张相，相片中，他双手交叉站在中间，霸气侧漏。旁边站着两个举横幅的，横幅上只有四个字：方哥最牛！

后来一次节日活动，城老师（万千少女追捧的偶像男老师）和方哥一起手牵手登台献唱，下面的小伙伴们高呼：在一起！在一起！于是，他俩就成为我们眼中最般配的一对。有次方哥求了两个男生之间的引力大小后，说明了为什么当他们紧紧相拥引力不是无穷大这个问题，学生就在下面起哄，这时，他竟然吼了一句，“真爱是不分性别的！”之后，迎来的是雷鸣般的掌声……

方哥一抹头上的冷汗，才知道又上了我们的当！

B中这般高大上的学校，师资队伍有文有武，陪你九霄揽月，带你五洋捉鳖，上个学洋气至此，你还想怎样？

番外：围姐把修改稿给我的时候，我哭唧唧地问，“姐啊，我明明写了四个老师，我的城哥和年级长呢？”围姐高贵冷艳地回答我说，“被你写坏了。”什么？写坏了？我不解，“我写的句句都是赞美与讴歌啊？”围姐说，“写坏了的意思有两层，一是写成了坏人；二是本来好的素材你没写到位。文化人说话，哪能那么直白！”

亲姐啊，你摆明了欺负我不懂东北话！

预知更多老师的传奇，请找我面谈！我是哪个学校的？哈哈哈，你猜啊？

一潭忧伤

宋小伊

苏小天与沐小晴没有七年之痒，因为她们泡沫式的友情只维持了两轮夏冬的交换便破裂了。

苏小天与沐小晴在同一所小学的不同班。苏小天倚着窗发呆时，便时常会看见沐小晴与朋友谈笑而过。

那是六月份，太阳还是那么热。

能与沐小晴成为同桌是苏小天没想过的事。“就像邂逅了清凉的海水”是沐小晴在这个六月份留给苏小天的第一感受。

老师说：“三角形是最稳定的形状。”但苏小天不这样认为，因为三角恋一定不稳定。

苏小天认为四边形的友情最稳定。就像她和沐小晴、林伟还有金晨。当然，只是当时。

白羊座的最大性格就是活泼，苏小天是个典型。短短的一个礼拜，她熟识了全班同学。金晨说：“苏小天你就是个小巫女。”

“你怎么知道我想当一个女巫？”苏小天转过身来双手合十，眼呈星星状，“小女巫温碧是我的奋斗目标！”“得了，你就别玷污人家温碧了，就你这样。”一直埋头做作业的林伟突然抬头用他那小眼睛，持一种鄙夷的眼光看向苏小天。

苏小天手在桌下偷偷拽了一下沐小晴的衣角，小晴会意，转过身来，两人相视一笑，笑得林伟毛骨悚然。

“你们要干吗？”林伟边抱着桌子边弱弱地问前面两个奸笑的女生。

“哼哼！龟！派！气！功！”两个女孩儿同时出手。

“啊！”

庞然大物林伟与桌子一齐向后倒去，还好在最后一排，不然这身材，得压死多少人啊！

金晨在旁边默默地看着自己的盟友倒下，只能小声喃喃道：“阿门！保佑你！”

全班都被惊动，这已经见惯不怪了，谁叫林伟同学命不好运不顺，坐在苏小天这女巫的身后，没摔才叫怪呢！

“好了，做作业吧！”沐小晴淡淡地说，继而又转过身去了。苏小天怔了怔。这是第一次沐小晴没有和她一起继续数落林伟而是选择做作业。

“可能是第一次大考，比较紧张吧？”苏小天心想。

这只是个小插曲，在一年后，苏小天才意识到，这是友情破裂的前奏。难怪小晴总是说她粗心大意，她没有留意到小晴转过身去时眼底的忧伤。

没错，是一潭忧伤。

无声的炎夏已转成凉爽的金秋，多事之秋指的就是这时候。

大考刚过，苏小天无意识地考了个好成绩，她考完后还朦朦胧胧的，直至试卷发下来，奖状发下来，苏小天才清醒，这是真的。斜眼瞟过去，沐小晴的成绩单上多了几滴水渍。

“请你吃糖！”苏小天把手伸到沐小晴桌上，摊开手心，上面是颗巧克力。

“吃糖能忘记一些不愉快的烦恼。”苏小天郑重地说，严肃的语气使沐小晴发笑。

苏小天固执地相信，这是属于她和沐小晴的美好回忆，即使在得到沐小晴肯定的回答“不记得了”以后，苏小天还是固执地认为，那些深深埋藏在沐小晴的脑海里，只是暂时找不到了。

是什么时候，我们真的像小说中所说的，越走越远，直至不再相交。

是因为换了班主任吗?

座位被重新调开，坚固的四边形也不再坚固，零零散散地散在各个角落。

好在，沐小晴坐在了苏小天前面。

只是，从方大同所唱的《四人游》，变成《三人游》。

多出的是沐小晴的新同桌，踢出的是苏小天。

与沐小晴刚入学是相似的脾气，温和的声音，也是个标准的乖乖女，与沐小晴有共同话题，热衷于海绵宝宝，她们似乎是失散多年的好姐妹。

距离产生问题，即使短短前后桌的距离，还是把苏小天与沐小晴隔开了。

看着前面两个相谈甚欢的同桌，苏小天只能拿起笔在题海中奋斗，苏小天像个孤家寡人，独看夕阳。

突然莫名地怀念那年夏天。

那年夏天，苏小天与沐小晴在课堂上肆无忌惮地聊天，直到前排忍无可忍的班长与苏小天转过身来斥骂太吵。

那年夏天，苏小天会在枯燥乏味的自习课上与后桌的金晨和林伟争吵一道历史选择题，拉上无辜的沐小晴充当自己的战友加入这场口水战，直到林伟从历史老师口中得到正确答案。

那年夏天……

苏小天扯下戴在自己耳朵上的耳机，将它轻轻塞进沐小晴的耳朵里，那是阿Sa的《往事并不如烟》，苏小天鼻子酸酸的。

沉默了很久的沐小晴也轻轻扯下耳机，放在苏小天手上，脸上尽是忧伤，平静的声音直刺苏小天的心。

“小天，你会找到真心理解懂你的人，可惜不是我。”

沐小晴背上书包离开教室，没有回头。

教室里只剩下孤零零的苏小天。

想哭，可是眼眶不湿润，鼻子不酸。

苏小天傻傻地笑了。

路狭草深，很久才有出口

惟　念

因为都是小博的作者，所以我和袁小姐加了彼此为好友，她偶尔会跟我聊上几句，讲讲学校和生活里的种种，像每个面临高考倍受压力的姑娘一样，袁小姐说过最多的一句话就是，“姐姐，我真的不想念书了，要不是因为怕伤害我妈妈，我就从学校里跑掉了。”

那个微风拂面的午后，我看着屏幕上她发来的话，觉得既生气又难过。生气的是，从我认识她的这段时间以来，她每天都在给自己制造负面情绪，时间久了，就会更加觉得度日如年；难过的是，我也曾从十八岁走过来，我的青春也不是没有一点儿伤痕，甚至跟你们中的绝大多数人比起来，我的经历更加心酸。

高三刚开始的秋天，妈妈查出癌症晚期，和家人从医院回来的晚上，我把自己反锁在房间里号啕大哭到失声。那种世界末日就要到来的恐惧感，迅速席卷我小小的世界，让十八岁的我从那个瞬间开始在心中默默倒计时，惶恐地担心着妈妈要走的那天来得太快太突然。

做完手术后，家人陪妈妈回到故乡休养，我开始一个人生活。到如今，独居的后遗症仍时不时地困扰我，很多个凌晨夜深时分，我都从噩梦里吓醒，连眼睛也不敢睁开就四处摸索电话打给爸爸。

再后来，搬到一个当时关系还算不错的同学家里去住，两个年龄相仿的女孩子，不懂得包容和谦让，我怪她每天让我等她去学校，还总是迟到，害我被罚站了一整个星期；她怪我啰唆，总是嘟囔她睡觉太晚爱玩游戏。终于有一天我们无法再忍受彼此，便把所有东西都搬走了，我又成了最孤独的那个人。

就是在这种无助的关头，我心血来潮地去补习班学英语，后来跟那位英语老师熟络起来，每天打电话发短信去上他的课，他简直成了我唯一的光源。大我五岁，年纪轻轻已经当上新东方合肥大区的主管，巧合的是，他也成长于一个单亲家庭，所以我们比别人更能体会那份惴惴不安和辗转难眠。

再往后，就是小说里最俗套也最悲惨的结局——我没辨清自己对他的情感，便匆匆告白，他像是一早就猜到了似的，不露痕迹地拒绝了我，日后又不动声色地疏远我，直至高考前，他所有的联系方式都失效了，我甚至不知他人在哪个角落。

那个十八岁的我，自卑且执着，我不懂为什么身边的朋友看起来都比我快乐，他们家庭完整生活平静，要么长发飘飘眉清目秀，要么身怀绝技令人惊艳，只有我是最平凡的一个。心里的痛苦积攒到峰值的时候，我就一个人站在窗口，想要跳下去，想要以简单粗暴的方式结束所有不愿意承受的难过。

你看，我们每个人的青春都是相似的，都有当时觉得天要塌了自己要疯了的苦恼。

故事说到这里，我点开右下角的时间看了一眼，还有二十天就是妈妈去世四周年的日子了。她走之后，我没有一蹶不振，成为社会的蛀虫，相反，我越来越清楚自己想要的是什么，也在努力去靠近自己的目标。

大概一个星期前，时隔四年，我又有了那种绝望得没法活下去的念头，因为毕业季来了，我要交五千字的论文。因为某些原因，我把做了近一年的工作辞了，下一个落脚点尚且不知，很重要的一个考试，两分之差没有通过。因为长时间心理压力过大，我的身体开始变得容易生病，生理期痛得趴在床上起不来。这些焦头烂额的事，像是约好了似的凑在了一起，我还想像十八岁那样，没出息地大哭一场，不知天高地厚地说放弃自己放弃挣扎。可是二十二岁的我，已经不会再那么幼稚，因为眼泪除了释放当下的情绪，真的没有更多用处。

咬牙爬起来去面试、收拾东西准备搬家……一鼓作气地处理完这些事后，我约了一个阅历丰富性格乐观的朋友吃晚饭，他开车送我回住处的路上，我说起袁小姐的事情，我说每次遇到类似的情况，我都不知道怎么回答她们的问题，因为我的青春也是荆棘遍布，眼泪欢笑参半，到现在还是在跌跌撞撞，我没法告诉她们到底哪个选择比较好。朋友把车停在路边，捋了捋我被风吹乱的头发说，你只要告诉她们，每段经历都有别样的意义，要把视线拉长来看，不能只看见眼下的痛苦，因为轻易放弃某种可能后，想要弥补起来就困难得多，且不是事事都有机会重来一遍。

写下这些字句的时候，四月快结束了，崭新的五月就要开始，我会把家搬到市区，每天都能去买最新鲜的蔬菜水果，还可以和朋友们常常碰面吃饭。更不可思议的是，四年前，我最喜欢的人是英语老师，一千多个日夜过去了，我也要成为一名英语老师了，命运的玄机让人又惊又喜。

袁小姐，就请你再往前走一小步，岸在海深处，光在黑暗里。在学校里花费的时间从不会白白浪费，那些知识早晚都会用到，岁月的沉淀会让你变得特别，让你逐渐清楚什么才是最想要的。只要多忍一忍熬过去，生活真的会变得美好起来。

所以呀，就请答应我，没把你打倒的，都会让你更棒。请你一直奔跑，直至遇上新天地。

这是想念的碎碎念

水貳柒

2013年1月21日

火车站里特别吵，我站在站台上抓着你的手絮絮叨叨。其实无非也就是些“保重身体”“好好生活”之类的废话。我却还是忍不住一遍又一遍地叮嘱。在我的世界，你一直是需要人照顾的小孩儿，现在小孩儿独自一个人踏上异地求学的道路，我看着依旧嘻嘻哈哈的你，竟然有了“好像嫁女儿”的念头。这念头一出，我情不自禁地打了个冷战，而你也很有默契地冒出一句：“你好像我妈。”

火车到的时候，你随着人流往前挤，转身得干脆利落。我看着你的天蓝色发卡渐渐模糊，心中忽然涌起难以名状的失落。你在上车前的一瞬回头，冲着我用力地挥手。隔了那么远，我还是看清了你嘴唇翕动着说“要想我”，隔了那么久，我还是记得你脸上张扬的笑容，像下雨后湛蓝的天空投向地面的第一缕阳光。

2013年2月13日

自己一个人去逛超市，耳机里男人的声线温柔地覆盖耳朵，不像两个人一人一边，即使再声嘶力竭的音乐也隔绝不了世界的喧嚣。

在一家小店里看见一个两人拥抱的胶套本，打开时，被扉页的一句话打动。“活在这个珍贵的人间，感情和雨水一样重要。”于是掏钱买下。回家后盯着看了许久，终于拿起笔，一笔一画认真地写道：“2013年2月13日，雨，想写信给你……”

那本子有惊人的厚度，所以我可以写满高中三年，对你的思念。顺便，也可以为我的青春做个见证。

2013年2月21日

我被送去寄宿，不想和别人说话，于是活该地总是一个人独来独往。不知道你看见这样的我会不会惊讶，毕竟初中时长袖善舞可以和所有人迅速打成一片的我和现在差别真的很大。可能是厌倦了朋友那么多知心的却没几个的可悲处境，现在这样安安静静的也没什么不好。某浅说这样的我更真实，不在乎别人的看法委屈自己，反而让爱我的人更加高兴。

只是想到你的时候，不可避免地还是希望你会出现。很傻气的念头。想起你时总感觉很温暖，即使不在身边了也会有安全感。

2013年3月7日

听见你在电话里提起她，小心翼翼的口吻让我怔了神。我曾经漫不经心地说：“我的固执在于我从不轻易放弃一个人，但是一旦我不要了，就再也不会回头。”她那时为了一个男生在校门口骂我混蛋让我滚，起因只是因为我说他们不可能在一起。很好笑的，我陪她三年，竟然比不过一个视她为陌生人的他。你看着我红着眼眶烧了写给她的信，看着我和她偶然遇见时像个陌生人擦肩而过。后来她来找我，我们像两个傻子般在校门口失声痛哭，但最后我还是推开了她。你在一旁沉默的眼神，一直是我心头的一根针。

印象中的你下巴高抬笑容不可一世，从来没有低声下气的时候。

我知道我和她的事情让你多无奈难过。挂了电话，我犹豫了很久，最后还是登上那个尘封已久的QQ号，在她空间留了言。

然后，就和好了。

你为了我们和好的事高兴了很久，却一直不明白我为什么忽然转了心意。

2013年3月17日

无意中翻出你送我的画，画上三个女孩儿放肆地笑着。我偶尔会向周围的人炫耀，你会画画，你数学可以拿一个吓人的分数，你很优秀，对我很好之类的，惹来周围嘘声一片。

很久之前，你还在我身边的一个晚上，我不知怎么了，心血来潮地趴在桌子上，花了三个小时画了幅画。当我展开一半的时候，你看着孤零零的一个月亮一只鱼，捂着嘴笑得花枝乱颤。我微微一笑展开另一半，空白处是一首诗，时间隔了很久，前面的我不太记得，只有最后一句我记得很牢，“温暖永驻鱼的泪光”。这是我用了四年的空间名。你盯着那首诗发愣，说我倒是挺有写作天赋的，将来我写书你配图，双剑合璧闯荡江湖。你侧过身，在以为挡住我的视线之后，悄悄擦了擦眼角。

书上说在乎的人QQ上是有备注的，我看着高悬在最上端的“青鱼”分组不屑一顾。

2013年4月1日

我说今天是我生日，他们说这是一个不成功的谎言。我笑着狡辩：“四月初一本来就是我的生日。”

其实我对生日这个东西还是很怨念的，不仅仅是因为好多人都说过我的出生就是个笑话，你，她，某浅，宅宅，四个人的生日从九月排到十二月，紧紧地挨在一起，只有我一个人孤孤单单悬在五月。直到很久以后热衷于星座这个玩意，知道金牛和天蝎是何等的密切相关后，心情才变得很好。

后排那个一米八三的男生捏着嗓子嚎《我很快乐》，惊悚的声线让我瞬间想到了你。你说话时还算动听的声音仿佛天生和音乐过不去，你扯着嗓子在我面前吼时，那个被我手一抖摔得粉碎的陶瓷杯就是我对你的歌声的评价。

上帝如果为你打开一扇窗，那么他肯定先关了你一道门。关于唱歌这事你还是放弃吧，人类何苦为难人类。

2013年5月17日

晚上有暴雨，我很可悲地没有打伞，于是一个人慢慢地往回走。其实也没有什么“眼泪在雨中就看不见”“雨水划过脸颊刺痛心脏”这样的矫情缘由，就是忽然感觉雨打在身上很舒服，雨水刚开始是冰冷的，但滑进衣袖后居然很温暖。想起之前三个人傻气的约定，在一个夏日的夜晚一起淋雨。

现在我和她在一座城的两端，你在不遥远的远方，如果你那边也下雨了，不知三个人会不会一起想起这个约定。

这么想着，手中忽然被塞了一把伞，我错愕地抬头，是班上一个并不熟的同学。她冲我笑笑，摆摆手钻进旁边的伞里，渐渐走远，背影在哗哗的雨丝下很快消失了。

我打着伞一路笑着回了宿舍，看见某浅托人带的伞静静地躺在床上。

怎么说呢，躲在被窝里蜷缩成一团，温暖得想掉眼泪。

2013年7月13日

暑假被硬生生延迟了十三天，说好要去看你的计划也被补课生生阻断了。我在电话这头不住地道歉，你在那头只是沉默半晌，僵硬地开口：“没关系啊，我也要补课的。”

但是话语中的失望是掩不住的，我嗫嚅半天，说了句：“高三毕业我肯定去看你！”就挂了电话。

之后，两个人像有一层东西隔着似的，我看着你亮着的头像，犹豫很久还是没有点击。

写给你本子的日期就凝固在7月13日。

很久以后，离现在不久，我从角落里翻出这个本子。拥抱的小孩儿被厚厚的灰尘掩盖了，我拿着纸仔细地擦拭。读完后，我忽然有了想写点儿什么的冲动。我拿着笔翻过新的一页写下日期，笔尖就凝固住写不下一个字。我想起码我得让它有存在的价值，于是就有了这篇文章。支离破碎，没有逻辑和故事情节，就像零零碎碎的烟火。

现在我们很少联系，身边也都有了其他人陪伴，但我从未怀疑你会消失在我的世界，我们只是需要时间推移，给我们重新在一起的机会。

好吧，我只是想你了。

把你当作我的宝贝

杨西西

1

中午出门时，你安详地坐在床上，微笑地看着电视。我望向你，心里微微轻松了些，我怕你做傻事。

昨天你无助的样子让我心疼：泪流满面，头发凌乱，眼睛红肿地蹲在地上，我听着你一声又一声呜咽，心里一阵又一阵地抽搐。我一面安慰你：钱被偷了可以再赚，不要哭了；一面稳定自己的情绪，告诉自己淡定、淡定。其实心里早已伤心难过得想要死去，我只是逼自己冷静，要是连我也倒下了，谁来安慰你呢？

爸爸在一边咒骂你。我低头看着自己的鞋尖，说不出话，他脾气暴躁，性格差，我以前做错事情就没少挨他的打。直到他骂出更难听的话，我挡在你面前，伸手准备推他离开，却被他举起的右手上的烟头烫到，灰白色的烟花在我手心里开出一朵红花，当然没被你看到，因为你是低着头捂着额头在哭泣。我对爸爸说：“你走啊，别再骂了！”

爸爸狠狠地丢下烟头，跑到前面的卧室。我蹲下去，轻轻拍着你的背，就像小时候你拍着我的背哄我入眠一样，我除了能对你说“别哭了”，还能说什么呢？

你抬头推开我的手，眼睛红肿却无神地望着我说："你上楼去睡觉啊，你上楼去睡呀！"

我心里脑海里满是压抑难过，你不知道我比你更伤心；你不知道我超想补偿你，不让你难过；你不知道我对自己说一定要好好读书，赚好多好多的钱……

突然想起男朋友卡上还有几千块钱，于是，我低声说了声"好"，就上楼给他发了个消息，问他卡上还有多少钱。

过了半晌，他回复："你是喜欢钱，还是人？"

我看了看，傻眼了。然后揉揉眼，再看一遍屏幕，终于，泪水湿了屏幕。

可是这一切都是我引发的，因为头一天晚上到楼顶上打电话没关好顶门，所以你放在厨房里的那些血汗钱不见了。我知道这是我的错，而你没有骂我，只是无力地哭，却比鞭打我的心更让我难受。可爸爸，却因为你哭太久骂你。我只能叹口气，我也只能叹口气。

2

无奈地叹口气，生活还得继续下去。

你依然蓬着头发去街上当小贩，卖煎包；而我顺从你的心意，在旁边帮你收钱，偶尔碰到以前或者现在的同学，打声招呼，尴尬地笑笑，继续帮你招呼其他顾客。

其实，也不是不想帮你招呼生意，其实也不是没有找过一份假期工，只是，你的眼泪成诗，我心疼不已。所以，我也只能抛弃十七岁的虚荣，只因为你为我受了很多苦。

我还记得小时候，旁边住着爸爸的姐姐一家，他们从来没给过你好脸色看。小时候咱家穷，你给我买的最贵的东西就是一个二手的儿童车，我蹬着小车咯噔咯噔地往外骑，心里高兴得不得了，而邻居家我的表姐杨曼看到了就跑过来抢我的小车，我当然不肯给，于是，她就和我打起来。爸爸的姐姐，杨曼的妈妈，也就是我的姑姑跑了过来，拉开我和她，指着我说："小坏蛋，谁让你欺负我家曼曼的？"你闻声赶来，恰好听到这句话，你还没张口，她就说："管好你家的小孩儿，别让她出来作孽。"然后拉着杨曼离开了，你眼泪哗啦哗啦地往下掉，我只是拉着你衣角茫然地不知所措。

我还记得小时候，我在你的小摊儿上玩，你给我你剥好的橙，开心地看着我吃，可是有一个身材很魁梧的男人一脚踢翻你的小摊儿，对你拳打脚踢。我当时不知道为什么，只是傻傻地站在那儿。那个男人走后，你擦擦眼泪，牵起坐在小板凳上的我，一瘸一瘸地走回了家，我在回家的路上哇哇大哭。那时候，你有齐腰的黑发，可是一向最爱干净的你，把头发梳得一丝不苟的你，却变得鼻青脸肿，头发凌乱，衣服上沾满了灰尘，我当时是吓哭了。

就在前几天，我才知道，原来，你的心里装着这么多苦；原来，一直以来你都是最委屈最艰苦的那个；原来，我把小时候的事情串起来才明白，你苦了大半辈子。

几天前，你的闺密来到咱家，我当时正在楼上看书，你说话声音太大，我准备到楼梯口叫你小点儿声时，听到你提及我小时候的事儿。你说，杨洋小时候吃的苦更多；你说，那时候打你的人是我爸爸前妻的哥哥；你还说，幸好爸爸的姐姐搬到别处去了，不然吃的苦怕要更多……我听着听着，眼泪就掉下来了。

因为穷，所以你受了很多气，可是，我的那小小的虚荣心也彻底地被瓦解了。我知道，在无奈的现实面前，虚荣心根本不能当饭吃，正如青春的你，抛开虚荣，到街头当小贩，任时光爬上你光洁的额角，染白你的黑发，佝偻你的背脊。

3

心，沉甸甸的。

我根本不敢告诉你，我期中考的成绩。

我怕我告诉你，你会一个巴掌甩过来，狠狠地警告我，下次考不好别读了；我怕告诉你，你会像那天一样像个小孩儿似的蹲在地上哭泣；我怕告诉你，你给我更伤人的答案——沉默。

你给过我目标，你说我们家穷，只有考上一本才有好日子过。我当时满怀信心，拍着胸脯说："放心吧！"可现在，我却扔给你比炸弹更厉害的东西——我的分数。你给过我宠爱，当我幼稚地看着电视的动画片，爸爸要我换台看科学世界之类的频道时，你对爸爸说："孩子童心未泯，让她看看吧！"可现在我却用你给的宠爱，给你难受和伤心。你给我许下大大的期待，你说："咱不蒸馒头争口气，一定要比那个考北京航空航天大学的堂哥考得好。"而我现在只能低头，毫无当时信心满满的模样，你叹了口气，只是笑了笑。

我不知道这是多么令你伤心！我只考了430分，班上考五六百分的大有人在，我让你美梦落空，我让你期望成泡影，我是不是比那些让你受委屈、让你挨打的人更可恶、更可恨、更令你难受？因为我是你最亲的人，因为我是你最爱的人，因为我是你用你的青春来养活的人，所以你才会更伤心、更失望？对不对？

过去的过去，我贪玩，我任性，一直都不明白你的辛苦，只是把你的话当作耳边风。你叮嘱的唠叨，我嫌你烦；你每月赚不了多少钱，我嫌你穷；你又老又黑，我嫌你丑；你把头发染了又卷，卷了又拉，我嫌你浪费钱，弄得你伤心好一阵子。但是我忘记了，你也是个女人，一个爱美的女人，你要我考好大学，虽然我口头上应诺，但是我却觉得你是心比天高；我不理解你那份完全为我好的心，你不想我长大了和你一样受苦！

可是，现在我长大了，我十七岁了，可以保护你了。

亲爱的徐女士，我有好多好多的话想对你说。我想说，我当然不会让你看到我的成绩单，因为我还要考好多好多的分；我想说，以前的我贪玩、任性，让你操了太多的心，从现在起，我会把你当作我的宝贝，拼了命地努力，奋不顾身地追我的成绩；我想说，我不再羡慕嫉妒恨班上女生的漂亮衣服，我会给你省钱；我想说，我会爱你，因为你是从小到大最爱我的人，我会快快长大，养活你，因为你是我最最亲爱的妈妈。